HORST RUSCH

Aktivierung von eigenen Erfindungen

Betriebswirtschaftliche Schriften

Heft 10

Aktivierung von eigenen Erfindungen

Eine betriebswirtschaftliche, handelsrechtliche
und steuerliche Untersuchung

Von

Dr. Horst Rusch

Wirtschaftsprüfer

DUNCKER & HUMBLOT / BERLIN

Alle Rechte vorbehalten
© 1963 Duncker & Humblot, Berlin
Gedruckt 1963 bei Albert Sayffaerth, Berlin 61
Printed in Germany

Vorwort

Forschung und Entwicklung sind in der Wirtschaft beim heutigen Stand der Technik notwendige Erfordernisse und gewinnen immer mehr an Bedeutung. Die durch sie erzielten Ergebnisse wirken sich weitgehend auf die Beurteilung und den Wert eines Unternehmens aus. Und trotzdem erscheinen sie nur in Ausnahmefällen in der Bilanz.

Eine Eigenart der Forschungs- und Entwicklungskosten ist es nämlich, daß man im voraus oft nicht genau weiß, ob und wann sie zu einem Erfolg führen; liegt dann ein Ergebnis vor, so läßt sich der Umfang der wirtschaftlichen Ausnutzung nur schwer bestimmen. Diese Unsicherheitsfaktoren haben dazu geführt, daß Forschungs- und Entwicklungskosten in der Praxis nach Möglichkeit nicht aktiviert werden, was von der Theorie einfach mit Hinweis auf den Grundsatz einer vorsichtigen Bilanzierung unterstützt wurde.

Zu einer theoretischen Vertiefung der Frage, ob Forschungs- und Entwicklungskosten aktivierungsfähig und aktivierungspflichtig sind, kam es in den Jahren 1954 bis 1958. Nach der Währungsreform war die deutsche Wirtschaft gezwungen, in erhöhtem Maße Ausgaben für Forschung und Entwicklungen zu machen. Dies nicht nur zum Wiederaufbau, sondern auch, um den Anschluß an den internationalen Stand der Technik zu erreichen. Während die Wirtschaft ein Interesse daran hatte, die Kosten steuerlich als Betriebsausgaben zu behandeln, hätten die Finanzämter sie gerne als Aktivposten in den Bilanzen gesehen. Die zwischen Wirtschaft und Finanzbehörden geführten Diskussionen haben auf das Problem der Aktivierungsfähigkeit bzw. Aktivierungspflicht von Forschungs- und Entwicklungskosten befruchtend gewirkt. Es sind aber auch Argumente vorgetragen worden, die weitgehend zweckorientiert waren und zu einer Klärung des theoretischen Problems nicht beigetragen haben.

Die vorliegende Arbeit will versuchen, für das Gebiet der eigenen Erfindungen die Frage der Aktivierungsfähigkeit und Aktivierungspflicht zusammenfassend darzustellen, ohne daß wegen der praktischen Schwierigkeiten vereinfachend auf eine theoretische Analyse verzichtet oder zweckorientiert argumentiert wird. Dabei wird sich dann gleichzeitig ergeben, ob das im Regierungsentwurf eines Aktiengesetzes vorgesehene Verbot, nach dem im Anlagevermögen immaterielle Werte nur noch in Ausnahmefällen aktiviert werden dürfen, sinnvoll ist.

Horst Rusch

Inhaltsverzeichnis

A. **Allgemeines** 11

   I. Das Untersuchungsobjekt 11

     1. Begriff und Wesen der eigenen Erfindung 11
        a) Die Erfindung im allgemeinen 11
        b) Die eigene Erfindung im besonderen 13

     2. Arten der eigenen Erfindung 14
        a) Entstehungsarten 14
        b) Geschützte und ungeschützte Erfindungen 14
        c) Gebundene und freie Erfindungen 15

   II. Die Begriffe Aktivierungsfähigkeit und Aktivierungspflicht 15

   III. Die Abgrenzung des Themas 17

B. **Aktivierungsfähigkeit und Aktivierungspflicht von eigenen Erfindungen in betriebswirtschaftlicher Sicht** 18

   I. Die Bilanzauffassung als Grundlage für die Bestimmung der Aktivierungsfähigkeit und Aktivierungspflicht 18

   II. Die Aktivierungsfähigkeit 20

     1. Allgemeines 20
     2. Die Bestimmungsfaktoren der Aktivierungsfähigkeit 22
        a) Wert 22
        b) Kostenanfall 23
        c) Kostenverteilungsbedürfnis 27
     3. Ergebnis 28

   III. Die Aktivierungspflicht 29

C. **Aktivierungsfähigkeit und Aktivierungspflicht von eigenen Erfindungen in handelsrechtlicher Sicht** 31

   I. Die handelsrechtlichen Bilanzierungsvorschriften als Grundlage für die Bestimmung der Aktivierungsfähigkeit und Aktivierungspflicht 31

     1. Allgemeines 31
     2. Die handelsrechtliche Bilanz (Handelsbilanz) 31
     3. Die Grundsätze ordnungsmäßiger Bilanzierung 32

II. Die Aktivierungsfähigkeit 34
    1. Die Bestimmungsfaktoren nach den Grundsätzen ordnungsmäßiger Bilanzierung 34
    2. Die Sondervorschrift des § 133 Ziff. 2 AktG 36
    3. Ergebnis 42
  III. Die Aktivierungspflicht 42
    1. Die allgemeine Regelung 42
    2. Die besondere Behandlung der immateriellen Werte 43

D. Aktivierungsfähigkeit und Aktivierungspflicht von eigenen Erfindungen in steuerlicher Sicht 45
  I. Die steuerrechtlichen Vorschriften als Grundlage für die Bestimmung der Aktivierungsfähigkeit und Aktivierungspflicht 45
    1. Die Steuerbilanz 45
    2. Die Maßgeblichkeit der Handelsbilanz für die Steuerbilanz 46
    3. Der Begriff des Wirtschaftsguts 47
  II. Die Aktivierungsfähigkeit 48
  III. Die Aktivierungspflicht 50
  IV. Die Ländererlasse 51

E. Abschließende Stellungnahme 54

Literaturverzeichnis 56

Abkürzungsverzeichnis

a. A.	=	anderer Ansicht
a. a. O.	=	am angegebenen Ort
Anm.	=	Anmerkung
BB	=	Der Betriebsberater
Bd.	=	Band
BFH	=	Bundesfinanzhof
BGBl.	=	Bundesgesetzblatt
BStBl.	=	Bundessteuerblatt
DB	=	Der Betrieb
h. L.	=	herrschende Lehre
HWB	=	Handwörterbuch der Betriebswirtschaft
RFH	=	Reichsfinanzhof
RGZ	=	Entscheidung des Reichsgerichts in Zivilsachen
RStBl.	=	Reichssteuerblatt
S.	=	Seite
Tz.	=	Textziffer
vgl.	=	vergleiche
WP	=	Der Wirtschaftsprüfer
WPg	=	Die Wirtschaftsprüfung
ZfB	=	Zeitschrift für Betriebswirtschaft

A. Allgemeines

I. Das Untersuchungsobjekt

1. Begriff und Wesen der eigenen Erfindung

a) Die Erfindung im allgemeinen

Über den Begriff der Erfindung besteht in der Wissenschaft keine einhellige Meinung.

Am umfassendsten dürfte die Begriffsdefinition sein, nach der die Erfindung „ein Einfall der schöpferischen Phantasie ist, der nach den Formgesetzen der realen Welt oder einer geistigen Wirklichkeit zu einem Ding oder Werk gestaltet wird"[1]. Erfindung ist danach jede Geistesschöpfung, gleichgültig, ob sie technischen oder literarisch-künstlerischen Charakter hat.

Überwiegend wird der Begriff der Erfindung nicht in diesem weiten Sinne gebraucht. Vielmehr spricht man meist dann von einer Erfindung, wenn eine „neue Regelung für technisches Handeln"[2] vorliegt, während Schöpfungen auf literarisch-künstlerischem Gebiet demgegenüber als Urheberschaft[3] bezeichnet werden. Der Begriff der Erfindung im weiteren Sinne wird also in die Begriffe Erfindung im engeren Sinne und Urheberschaft gegliedert. Das erfolgt wohl in Anlehnung an die gesetzliche Regelung dieses Rechtsgebiets, die einerseits die Urheberschaft in den Gesetzen betr. das Urheberrecht an Werken der Literatur und Tonkunst bzw. der bildenden Kunst und der Fotografie[4] behandelt, während andererseits das Patentgesetz und die patentrechtlichen Nebengesetze[5] die Erfindung im engeren Sinne betreffen.

---

[1] Der große Brockhaus, Wiesbaden 1953, Bd. 3/629.

[2] *Busse*, Kommentar zum Patentgesetz, 2. Aufl., Berlin 1956; Anm. 3 I zu § 1.

[3] *Elster*, Das deutsche Erfinderrecht, Berlin-Leipzig 1924, S. 8.

[4] Gesetz betr. das Urheberrecht an Werken der Literatur und Tonkunst vom 19. 6. 1901 (LUG); Gesetz über das Verlagsrecht vom 19. 6. 1901 (VerlG); Gesetz betr. das Urheberrecht an Werken der bildenden Kunst und der Fotografie (Kunstschutzgesetz) vom 9. 1. 1907 (KSchG); Gesetz betr. das Urheberrecht an Mustern und Modellen (Geschmacksmustergesetz) vom 11. I. 1876 (Geschm. MG).

[5] Patentgesetz vom 5. 5. 1936, Gesetz betr. den Schutz von Erfindungen, Mustern und Warenzeichen auf Ausstellungen vom 18. 5. 1904, u. a.

Der Gesetzgeber verwendet den Begriff der Erfindung mehrfach[6], insbesondere aber in § 1 PatG, wo er die Erteilung von Patenten für neue Erfindungen vorsieht, die eine gewerbliche Verwertung gestatten. Eine Definition des Begriffs „neue Erfindung" gibt er nicht. Vielmehr überläßt er die Feststellung der Begriffsmerkmale absichtlich der Wissenschaft und der Praxis[7]. Es ist vielfach versucht worden, eine Begriffsdefinition der Erfindung festzulegen, bisher aber nicht gelungen, eine allgemein anerkannte Formulierung zu finden[8]. Sieht man von Feinheiten ab, so besteht jedoch über die folgenden, wesentlichsten Begriffsmerkmale Einigkeit[9]:

1. Es muß sich um eine geistige Schöpfung handeln.

   Das bedeutet, daß etwas Neues geschaffen sein muß; sei es, daß eine neue Aufgabe überhaupt, sei es, daß eine bekannte Aufgabe mit neuen Mitteln gelöst worden ist. Sind lediglich vorhandene Gegebenheiten erkannt worden, so handelt es sich um eine Entdeckung, nicht aber um eine geistige Schöpfung.

2. Durch die geistige Schöpfung muß eine Aufgabe gelöst worden sein.

   Das ist nur der Fall, wenn eine fertige (vollendete) Lösung vorliegt. Dabei ist gleichgültig, ob die Lösung in sich vollkommen ist und noch Verbesserungen zuläßt.

   Weiter muß der Erfolg, der durch die Lösung der Aufgabe erzielt wurde, wiederholbar sein, d. h., er muß durch jeden Sachverständigen nach der vorliegenden Beschreibung beliebig oft erbracht werden können.

3. Die gelöste Aufgabe muß auf technischem Gebiet liegen.

   Dabei wird die Technik als die Benutzung von Kräften oder Stoffen der Natur angesehen.

   Nicht auf technischem Gebiet liegen insbesondere die Geistesschöpfungen, deren Schutz im Urheberrecht geregelt ist[10].

4. Die gelöste Aufgabe muß brauchbar sein.

   Brauchbar ist eine Lösung, wenn sie der Befriedigung eines sozialen Bedürfnisses dienen kann, was nicht heißt, daß sie auch rentabel sein muß.

5. Die gelöste Aufgabe muß einen technischen Fortschritt darstellen.

   Der technische Fortschritt zeigt sich nicht nur in einer Weiterentwicklung gegenüber dem bisherigen Stand der Technik, sondern auch in dem Vorhandensein einer Erfindungshöhe. Unter Erfindungshöhe versteht das Reichsgericht „ein über das gewöhnliche fachmännische Können erforderliches Schaffen"[11].

---

[6] z. B. § 67 I Ziff. 5 BewG, § 21 KartG, § 2 Ziff. 2 ArbGG.

[7] Motive 1877, S. 16; zitiert nach *Krauße-Katluhn-Lindenmaier*, Das Patentgesetz, 3. Aufl., Berlin 1944, Anm. 4 zu § 1.

[8] Eduard *Reimer*, Patentgesetz und Gebrauchsmustergesetz, 2. Aufl., München-Köln-Berlin 1958, Anm. 1 zu § 1.

[9] *Busse*, a. a. O., Anm. 3 zu § 1; *Krauße-Katluhn-Lindenmaier*, a. a. O., Anm. 14 ff. zu § 1; *Reimer*, a. a. O., Anm. 2 ff. zu § 1; *Elster*, a. a. O., S. 36 ff.

[10] Vgl. S. 11 Fußnote 4.

[11] Zitiert nach *Busse*, a. a. O., Anm. 3 H zu § 1.

Die so umrissene Erfindung erbringt dem Erfinder nicht nur ein Persönlichkeitsrecht, dessen Inhalt es vor allem ist, als Erfinder genannt zu werden, sie stellt auch ein Vermögensrecht dar, das veräußerlich und vererblich ist und als solches den allgemeinen Rechtsschutz des bürgerlichen Rechts genießt. Darüber hinaus hat der Erfinder unter gewissen Voraussetzungen ein Recht auf Erteilung eines Patents[12].

In diesem Sinne soll der Begriff der Erfindung im folgenden der Arbeit gebraucht werden.

b) Die eigene Erfindung im besonderen

Es gilt nun zu klären, wann eine eigene Erfindung vorliegt.

Grundsätzlich ist das der Fall, wenn der Berechtigte aus der Erfindung auch Erfinder ist. Darüber hinaus wird man bei bilanzierenden Unternehmen von eigenen Erfindungen sprechen müssen, wenn sie in deren Betrieb entstanden sind. Es scheiden somit sämtliche Erfindungen aus, die erworben worden sind, gleichgültig, ob der Erwerb im Wege des Tausches, des Kaufes oder durch Schenkung erfolgt ist.

Zweifel können bei der Zuordnung der Arbeitnehmererfindungen entstehen.

Nach dem Gesetz über Arbeitnehmererfindungen vom 25. Juli 1957 (ArbErfG)[13] wird zwischen Diensterfindungen und freien Erfindungen von Arbeitnehmern unterschieden.

Als Diensterfindungen gelten Erfindungen eines Arbeitnehmers, die aus der dem Arbeitnehmer im Betrieb obliegenden Tätigkeit entstanden sind oder maßgeblich auf Erfahrungen oder Arbeiten des Betriebes beruhen (§ 4 Abs. 2 ArbErfG). Alle übrigen Erfindungen von Arbeitnehmern sind freie Erfindungen (§ 3 Abs. 3 ArbErfG).

Bei den freien Erfindungen fehlt also die Bindung an die betriebliche Sphäre. Sie sind nicht im Rahmen des Betriebes entstanden, also auch nicht als eigene Erfindung des Betriebes anzusehen. Dies kommt im Gesetz über Arbeitnehmererfindungen dadurch zum Ausdruck, daß der Arbeitgeber ein Recht an der Erfindung nicht geltend machen kann. Der Arbeitnehmer hat ihm lediglich eine nicht ausschließliche Nutzung der Erfindung anzubieten, wenn er sie während der Dauer des Arbeitsverhältnisses anderweitig verwerten will und wenn sie in den Arbeitsbereich des Arbeitgebers fällt.

Anders verhält es sich bei den Diensterfindungen. Sie sind Ausfluß der betrieblichen Tätigkeit. Demzufolge räumt das Gesetz über die Arbeitnehmererfindungen dem Arbeitgeber das Recht ein, sie unbeschränkt

---

[12] *Krauße-Katluhn-Lindenmaier*, a. a. O., Anm. 1 ff. zu § 3.
[13] BGBl. I/756.

oder beschränkt für sich in Anspruch zu nehmen. Dem Arbeitnehmer ist dann zwar eine Vergütung zu gewähren, diese bemißt sich aber nicht nur nach der wirtschaftlichen Verwertbarkeit der Erfindung, sondern auch nach der Aufgabe und der Stellung des Arbeitnehmers im Betrieb sowie nach dem Anteil des Betriebs am Zustandekommen der Diensterfindung. Sie kann also nicht als ein Entgelt für den Erwerb einer Erfindung angesehen werden, sondern lediglich als eine angemessene, zusätzliche Vergütung an den Arbeitnehmer dafür, daß er über den Rahmen der Normaltätigkeit hinaus schöpferisch im betrieblichen Interesse tätig war. Dies muß selbst dann gelten, wenn die Erfindung nicht auf eine angeordnete Forschungs- und Entwicklungstätigkeit im Betrieb, sondern ausschließlich auf die Initiative eines Arbeitnehmers zurückzuführen ist.

Die Diensterfindung ist im Rahmen der vorliegenden Arbeit somit als eigene Erfindung zu betrachten.

2. Arten der eigenen Erfindung

Soweit für die weiteren Ausführungen wesentlich, kann man die eigenen Erfindungen nach ihrer Entstehung, ihrem Schutz sowie in gebundene und freie Erfindungen unterteilen.

a) Entstehungsarten

Nach ihrer Entstehung gliedern sich die eigenen Erfindungen in zwei Gruppen, deren praktische Abgrenzung nur sehr schwer möglich ist.

Die eine Gruppe ist im Rahmen der Forschungs- und Entwicklungstätigkeit eines Betriebes entstanden. Sie ist das Ergebnis systematischer Arbeit und hat dadurch Kosten verursacht, die einen beachtlichen Umfang haben können.

Dem stehen die Erfindungen gegenüber, die der Betrieb nicht angestrebt hat und die sich beispielsweise aus der Produktionssphäre oder aus dem Einfall eines Arbeitnehmers heraus ergeben haben. Sie tragen einen mehr zufälligen Charakter (Zufallserfindungen). Dadurch stehen die Kosten, die auch durch sie im Zweifel angefallen sind, in keinem Verhältnis zu denen, die Erfindungen auf Grund planmäßiger Forschung und Entwicklung mit sich bringen.

b) Geschützte und ungeschützte Erfindungen

Die Erfindung ist ein Vermögensrecht, dessen Schutz sich nach den allgemeinen Vorschriften des bürgerlichen Rechts richtet[14].

---

[14] z. B. Anspruch auf Schadensersatz bei widerrechtlicher und schuldhafter Verletzung des Rechts an der Erfindung nach § 823 BGB; weitere Ausführungen s. *Krauße-Katluhn-Lindenmaier*, a. a. O., Anm. 1 ff. zu § 3.

Ein darüber hinausgehender Schutz entsteht, wenn auf Grund der Erfindung ein Patent erteilt oder die Erfindung zum Gebrauchsmuster erklärt wird. Man spricht dann von einer geschützten Erfindung.

Nicht jede Erfindung ist nach dem Patent- und Gebrauchsmusterrecht schutzfähig. So kann nach dem Patentgesetz z. B. ausdrücklich für Erfindungen von Nahrungs-, Genuß- und Arzneimitteln sowie von Stoffen, die auf chemischem Wege hergestellt werden, kein Patent erteilt werden, soweit die Erfindungen nicht ein bestimmtes Verfahren zur Herstellung der Gegenstände betreffen (§ 1 Abs. 2 PatG). Dadurch wird deutlich, daß der besondere Schutz nicht Wesensmerkmal der Erfindung ist. Er hat vielmehr nur Einfluß auf den Wert der Erfindung; der allerdings kann beachtlich sein.

Das bedeutet für die weitere Untersuchung, daß ein Unterschied zwischen geschützten und ungeschützten Erfindungen bei der Frage ihrer Aktivierung nicht besteht, sondern nur bei ihrer Bewertung auftreten kann[15].

c) Gebundene und freie Erfindungen

Je nachdem, ob die Erfindung der Durchführung eines konkreten Auftrags dient oder nicht, unterscheidet man in gebundene und freie Erfindungen.

Die gebundene Erfindung ist also Bestandteil eines Auftrags. Um ihn auszuführen, wurde sie entwickelt. Eine andere Auswertung als für den Auftraggeber wird nur in Ausnahmefällen möglich sein. Auftrag und Erfindung sind gebunden.

II. Die Begriffe Aktivierungsfähigkeit und Aktivierungspflicht

Die Aktivierung eines Gutes ist aufzugliedern in die Aktivierungsfähigkeit und die Aktivierungspflicht.

Die Begriffe Aktivierungsfähigkeit und Aktivierungspflicht werden in der Literatur neben oder an Stelle der Begriffe Aktivierungsmöglichkeit und Aktivierungsrecht gebraucht[16]. Dabei sieht man in der Aktivie-

---

[15] So auch z. B. *Klebba*, Erfindungen in der Bilanz, in: Blätter für Steuerrecht, Sozialversicherung und Arbeitsrecht 1957/356; *Dornemann*, Die Aktivierung in Bilanztheorie und Steuerbilanz, ZfB 1957/105; *Hast*, Grundsätze ordnungsmäßiger Bilanzierung für Anlagegegenstände, Leipzig 1934, S. 289; *Binder*, Die steuerliche Behandlung betrieblicher Forschungs- und Entwicklungskosten, BB 1956/539.
[16] s. beispielsweise *Adler-Düring-Schmaltz*, Rechnungslegung und Prüfung der Aktiengesellschaft, 3. Aufl., Stuttgart 1957, § 129 Tz. 26—29; *Breng*, Forschungs- und Entwicklungskosten in Handels- und Steuerbilanz, Düsseldorf 1959, S. 16; *Escher*, Der Umfang der Aktivierungspflicht bei den Ausgaben für das Sachanlagevermögen in Handels- und Steuerbilanz, Düsseldorf 1958, S. 21.

rungsfähigkeit und der Aktivierungspflicht einander nachgeordnete Begriffe[17]. Aktivierungsfähigkeit wird als die Eigenschaft eines Gutes betrachtet, in die Bilanz einzugehen. Liegt die Aktivierungsfähigkeit für ein Gut vor, so ergibt sich daraus jedenfalls ein Aktivierungsrecht, das sich auch zu einer Aktivierungspflicht verdichten kann.

Da das Aktivierungsrecht notwendige Folge der Aktivierungsfähigkeit ist, wird diese begrifflich auch oft der Aktivierungspflicht gegenübergestellt[18].

Bei der weiteren Abhandlung des Themas soll die Aktivierungsfähigkeit als Eigenschaft eines Gutes bezeichnet werden, in die Bilanz einzugehen. Die Aktivierungsfähigkeit bedingt damit ein Aktivierungsrecht und wird zur Voraussetzung für die Aktivierungspflicht.

Die gesamte Bilanzierung zerfällt dann in drei Vorgänge: in die Bestimmung der Aktivierungsfähigkeit eines Gutes[19], die darauffolgende Feststellung, ob dieses Gut auch aktiviert werden muß und die Bewertung des in die Bilanz aufgenommenen Gutes[20].

Erkennt man einem Gut die Aktivierungsfähigkeit zu, so ist es bei handelsrechtlicher Betrachtung Vermögensgegenstand im Sinne des § 39 HGB, bei steuerlicher Betrachtung Wirtschaftsgut im Sinne des § 6 EStG und bei betriebswirtschaftlicher Betrachtung Bilanzgegenstand[21] — wie es im folgenden genannt werden soll[22].

Diese Trennung wird im weiteren der Arbeit, in der die Aktivierungsfähigkeit und Aktivierungspflicht von eigenen Erfindungen in betriebswirtschaftlicher, handelsrechtlicher und steuerlicher Sicht untersucht werden, beibehalten, da den Begriffen Vermögensgegenstand, Wirtschaftsgut und Bilanzgegenstand wegen der verschiedenen Betrachtungsweisen der Bilanz praktisch nicht immer der gleiche Inhalt zugeordnet wird.

---

[17] z. B. *Hast*, a. a. O., S. 5; *Mutze*, Aktivierung und Bewertung immaterieller Wirtschaftsgüter nach Handels- und Steuerrecht, Berlin 1960, S. 25.

[18] z. B. *Breng*, a. a. O., S. 8; *Börnstein*. Die Aktivierung von Versuchs- und Entwicklungskosten nach Handelsrecht und Steuerrecht, BB 1957/553: *Haver*. Steuerliche Aktivierung von betrieblichen Versuchs- und Entwicklungskosten? BB 1954/654.

[19] *Mutze*, a. a. O., S. 25, unterteilt die Aktivierungsfähigkeit im obengenannten Sinne weiter in eine abstrakte Aktivierungsfähigkeit und eine Aktivierbarkeit im Einzelfall.

[20] So auch z. B. *Adler-Düring-Schmaltz*, a. a. O., § 129, Tz. 28; *Breng*, a. a. O., S. 16.

[21] *Mutze*, a. a. O., S. 17 f., gebraucht den Begriff „Bilanzgegenstand" im weiteren Sinne und identifiziert ihn mit den Bilanzposten, zu denen auch die bilanztechnischen Aktiva und Passiva (z. B. Kapitalentwertungskonto, Kapitalverlustkonto bei der Aktiengesellschaft) gehören.

[22] Zusammen mit den bilanztechnischen Aktiva und Passiva ergibt sich dann die Summe der Bilanzposten.

A. Allgemeines

Aktivierungsfähigkeit, Aktivierungsrecht oder -pflicht und Wert (Bilanzansatz) sind keine Eigenschaften, die einem Gut unabänderlich anhaften, sie sind vielmehr Ausfluß der Anschauung, die man von der Bilanz hat, sowie der Bestimmungen und Grundsätze, die für die Bilanzierung bestehen.

Die Bestimmungsfaktoren der drei Bilanzierungsvorgänge sind also weitgehend eine Funktion der Bilanztheorien und der bestehenden Bilanzierungsvorschriften.

Dabei ist selbstverständlich, daß die einzelnen Bestimmungsfaktoren der Bilanzierung sich nicht nur jeweils in einem Bilanzierungsvorgang auswirken, sondern gewisse Überschneidungen vorliegen. Praktisch ist dies — wie auch die nachfolgenden Ausführungen zeigen werden — vor allem zwischen Aktivierungsfähigkeit und Bewertung der Fall. So ist Voraussetzung für die Aktivierungsfähigkeit eines Gutes, daß dieses — gleichgültig, aus welcher Sicht man die Bilanz betrachtet — einen Wert hat[23]; ein wertloses Gut kann niemals aktivierungsfähig sein. Voraussetzung für die Aktivierungsfähigkeit ist aber nicht, daß der Wert des Gutes konkretisiert ist. Das interessiert nur für die Bewertung[23]. Zweifel am Wert überhaupt können also die Aktivierungsfähigkeit, Zweifel an der Höhe des Wertes nur den Wertansatz in der Bilanz beeinflussen[24].

III. Die Abgrenzung des Themas

Mit der Festlegung der Begriffe „eigene Erfindung", „Aktivierungsfähigkeit" und „Aktivierungspflicht" ist auch die Begrenzung des Themas gegeben.

Entwicklungs- und Forschungskosten ganz allgemein sollen nicht abgehandelt werden; sie werden nur dann Gegenstand der Untersuchung, wenn sie Vorstufeleistungen für eigene Erfindungen betreffen.

Darstellungen von Bewertungsfragen sind nur insoweit möglich, als sie zur Klärung der Aktivierungsfähigkeit und Aktivierungspflicht dienen. Damit sind dann meines Erachtens auch die wesentlichsten Punkte besprochen; die übrigen Fragen der Bewertung bieten theoretisch wenig Besonderes.

Als Bilanz soll der Untersuchung der sogenannte Jahresabschluß, nicht aber die speziellen Zwecken dienenden Sonderbilanzen — wie z. B. Vergleichsstatus, Liquidationsbilanz, Vermögensaufstellung für die Vermögensbesteuerung — zugrunde gelegt werden.

---

[23] *Mutze*, a. a. O., S. 29.
[24] a. A. *Döllerer*, Entwicklungskosten in der Handelsbilanz, BB 1957/985, der die Aktivierungsfähigkeit auch dann versagt, wenn der Wert unsicher ist.

B. Aktivierungsfähigkeit und Aktivierungspflicht von eigenen Erfindungen in betriebswirtschaftlicher Sicht

I. Die Bilanzauffassung als Grundlage für die Bestimmung der Aktivierungsfähigkeit und Aktivierungspflicht

Wie vorstehend aufgeführt, hängt die Beurteilung der Frage, ob ein Gut aktivierungsfähig ist, weitgehend von der Bilanzauffassung ab. Es kann nicht Aufgabe dieser Untersuchung sein, die Vielzahl der Bilanztheorien darzustellen. Jedoch sollen die genannt werden, die für die Bestimmung der Aktivierungsfähigkeit von Gütern praktisch wesentliche Bedeutung haben. Das sind vor allem die statische und die dynamische Bilanztheorie[1]. Der organischen Bilanztheorie von F. Schmidt kommt zwar in der Theorie beachtliche Bedeutung zu, ihre Grundsätze haben in der Praxis jedoch keinen Eingang gefunden, denn nach Entscheidungen des RFH[2] und des BFH[3] sind sie mit den bestehenden gesetzlichen Bestimmungen nicht vereinbar[4].

Die *statische Bilanztheorie*, erwachsen aus einer Summe praktischer Verfahrensregeln[5], die auch in den ersten gesetzlichen Regelungen über Buchhaltung und Bilanzen Niederschlag gefunden haben[6], ist eigentlich erst durch die Ausführungen Schmalenbachs in seiner „Dynamischen Bilanz" zu einem einheitlichen Lehrsystem geworden[5]. In ihrer ursprünglichen Form geht sie hauptsächlich von der Inventur, weniger aber von der Buchhaltung aus und sieht in der Aktivseite der Bilanz eine reine, möglichst auch richtige Vermögensübersicht des Kaufmanns, durch die hauptsächlich zum Schutz der Gläubiger „die Sicherheit und Erhaltung des der Unternehmung zugeführten Kapitals" überwacht werden soll[7].

---

[1] *Dornemann*, ZfB 1957/97.

[2] Urteil vom 27. Oktober 1931, I A 254/30, zitiert nach *Gerstner*, Bilanzanalyse, 11. Aufl., Berlin 1944, S. 81.

[3] BStBl. 1955/144, zitiert nach *Blümich-Falk*, Einkommensteuergesetz, 8. Aufl., Berlin/Frankfurt 1959, Anm. 7 zu § 5 (S. 375).

[4] *Hast*, a. a. O., S. 241.

[5] *Mohr*, Bilanz und immaterielle Werte, Berlin 1927, S. 20; *le Coutre*, Bilanztheorien, HWB Bd. I Spalte 1157.

[6] Erstmals im „ordonnance de Commerce" von 1673; zitiert nach *Mohr*, a. a. O., S. 18.

[7] *le Coutre*, a. a. O., Spalte 1162; *Mohr*, a. a. O., S. 21.

B. Erfindungen in betriebswirtschaftlicher Sicht

Daher dürfen in die Vermögensübersicht vorsorglich auch nur konkrete Güter, d. h. Güter, die Gegenstand des Rechtsverkehrs sein können, aufgenommen werden, das aber auch nur dann, wenn sie einen Wert haben. Ob dieser Wert durch Aufwendungen entstanden ist, ist im allgemeinen gleichgültig. Nur bei immateriellen Gütern, denen die Statiker im Hinblick auf ein strenges Vorsichtsprinzip kritisch gegenüberstehen, werden die für ein Gut angefallenen Aufwendungen zum Nachweis dafür, daß es verkehrsfähig ist. Nicht von Bedeutung ist hingegen, ob das Gut selbst erstellt oder erworben wurde[8], es also originär oder derivativ ist.

Als Fortentwicklung der rein statischen Theorie kann die heute unter den Statikern herrschende Auffassung angesehen werden, nach der die Bilanz nicht nur Vermögensdarstellung, sondern auch Nachweis dafür ist, „in welcher Art und Form" die eigenen und fremden Mittel „als werbende Vermögensbestandteile in dem Betrieb eines Unternehmens angelegt bzw. verwendet sind" (*beschränkt statische Bilanztheorie*)[9]. Diese Auffassung bringt mit sich, daß Aufwendungen des bilanzierenden Unternehmens ganz allgemein Voraussetzung für die Aktivierungsfähigkeit eines Gutes werden[10]. Sie sind bei immateriellen Gütern nicht mehr nur Beweis für deren Verkehrsfähigkeit, sondern Nachweis über den Verbleib des investierten Kapitals[11].

Nach der *dynamischen Bilanztheorie* hat die Bilanz weniger der Vermögensübersicht und dem Kapitalnachweis als vielmehr hauptsächlich einer periodischen Erfolgsrechnung[12] zu dienen, durch die möglichst weitgehend vergleichbare Ergebnisse ermittelt werden sollen[13]. Fallen also Ausgaben und Leistungen an, die erst in späteren Geschäftsjahren als Aufwand zu verrechnen oder als Einnahme zu erfassen sind, so sind diese zur Abgrenzung zu aktivieren. Die Bilanz als Kräftespeicher der Unternehmung[14] faßt auf der Aktivseite somit die schwebenden Vorleistungen zusammen und wird — anders ausgedrückt — zur Sammlung transitorischer und antizipativer Posten[15]. Im Gegensatz zur statischen

---

[8] *Dornemann*, ZfB 1957/98 mit weiteren Literaturangaben; *Mohr*, a. a. O., S. 76 ff.
[9] *Gerstner*, a. a. O., S. 73; ebenso *le Coutre*, Kapital-, nicht Vermögensbilanz, ZfB 1926/72, zitiert nach *Dornemann*, ZfB 1957/98.
[10] *Gerstner*, a. a. O., S. 78.
[11] *le Coutre*, a. a. O., Spalte 1162; *Dornemann*, ZfB 1957/99.
[12] *Schmalenbach*, Dynamische Bilanz, 9. Aufl., Leipzig 1948, S. 28: „Periodische Erfolgsrechnung, d. h. eine Erfolgsrechnung der mitten im Leben stehenden Unternehmungen."
[13] *Schmalenbach*, a. a. O., S. 18 f.
[14] *Schmalenbach*, a. a. O., S. 35 f.
[15] *le Coutre*, a. a. O., Spalte 1160.

Bilanztheorie ist also die Aktivierungsfähigkeit eines Gutes nicht Folge seines Vermögenscharakters, sondern einer periodengerechten Aufwands- und Ertragsverteilung. Bei dieser ist aber nicht so zu verfahren, daß alle im Abrechnungszeitraum als Kosten nicht verrechenbaren Ausgaben vorbehaltlos aktiviert werden, sondern Voraussetzung für die Aktivierung ist, daß die Vorleistungen auch einen Nutzwert für die Folgejahre haben[16].

Damit ist die häufig auftretende Meinung widerlegt, daß jede noch nicht als Aufwand ausgelöste Ausgabe aktiviert werden kann. Auch nach der dynamischen Bilanzauffassung — jedenfalls wie sie von Schmalenbach vertreten wird — darf nur aktiviert werden, was für folgende Jahre einen nachweisbaren Wert hat, wobei allerdings weniger auf den Verkehrs-, als auf den Nutzwert abgestellt wird.

Weiter ist bei der Aktivierung das Prinzip der Vorsicht zu beachten, denn, so stellt Schmalenbach ausdrücklich fest[17], dieses spielt auch für die dynamische Bilanz eine große Rolle. Allerdings wird seine Bedeutung von der Erfolgsrechnung aus beurteilt; die Beachtung des Grundsatzes der Vorsicht wird nach Schmalenbach[18] „wichtig und nötig", einmal wegen der „Unsicherheit der Erfolgsrechnung" und wegen des Umstands, „daß ein zu hoch berechneter Gewinn für den Betrieb selbst und für die Betriebseigner wesentlich gefährlicher ist als ein zu niedrig berechneter Gewinn". Dominierend bleibt also das Prinzip der richtigen Erfolgsabgrenzung, dem der Grundsatz der Vorsicht zu dienen hat; nach statischer Bilanzauffassung hat der Grundsatz der Vorsicht den Primat.

II. Die Aktivierungsfähigkeit

1. Allgemeines

Die vorstehenden Ausführungen haben ergeben, daß immaterielle Güter — um solche handelt es sich bei eigenen Erfindungen — nach der statischen Bilanztheorie aktivierungsfähig sind, wenn sie Gegenstand des Rechtsverkehrs sein können und einen Wert haben[19]. Darüber hinaus müssen für sie Aufwendungen gemacht worden sein; daß es sich um einen derivativ erworbenen Wert handelt, ist nicht notwendig.

Für die dynamische Bilanzauffassung hat Schmalenbach[20] die Voraussetzungen für die Aktivierungsfähigkeit von „Ausgaben für Unter-

---

[16] *Schmalenbach*, a. a. O., S. 62.
[17] a. A. *Gnam*, Der Gläubigerschutzgedanke und die Bilanzierung unkörperlicher (immaterieller) Wirtschaftsgüter, Wirtschaftspraxis, Teillieferungen 134/135, Abschnitt 2.2.
[18] *Schmalenbach*, a. a. O., S. 62.
[19] s. auch *Gerstner*, a. a. O., S. 59.

B. Erfindungen in betriebswirtschaftlicher Sicht

suchungen und Versuche..., die im eigenen Betrieb, oft in besonderen Versuchswerkstätten und Laboratorien gemacht werden" wie folgt umrissen:

„1. Sie müssen einen Nutzwert auch für kommende Jahre enthalten.
2. Es muß ein Bedürfnis für die Verteilung vorhanden sein.
3. Kosten und Nutzen müssen feststellbar sein."

Sieht man von der unter Ziffer 2 genannten Forderung ab, so kann theoretisch die Aktivierungsfähigkeit eines Gutes nach statischer und nach dynamischer Bilanzauffassung nur unterschiedlich sein, wenn es sich um ein immaterielles Gut handelt, das nicht verkehrsfähig ist. Denn ein Gut, das Gegenstand des Rechtsverkehrs sein kann, hat am Bilanzstichtag auch einen Nutzwert für das folgende Jahr. Unterschiede wären möglich, wenn nur ein Nutzwert besteht, denn nicht jeder Nutzwert ist zugleich verkehrsfähig.

Abweichungen können darüber hinaus noch bei der praktischen Auslegung von Einzelfragen auftreten, da die dynamische Bilanztheorie mehr die Erfolgsabgrenzung, die statische Theorie hingegen mehr das Prinzip der Vorsicht in den Vordergrund stellt.

Da die eigene Erfindung (geschützt oder ungeschützt) als Recht ein verkehrsfähiges Gut ist, muß die Bestimmung der Aktivierungsfähigkeit zu einem gemeinsamen Ergebnis führen[21]. Einheitliche Bestimmungsfaktoren für die Aktivierungsfähigkeit sind demnach, daß die eigene Erfindung

a) einen feststellbaren Wert hat, der
b) durch Ausgaben bzw. Kosten entstanden ist.

Notwendige Voraussetzung für eine Aktivierungsfähigkeit ist nicht, dies sei wiederholt, daß der Wert des Guts beziffert werden kann. Es reicht vielmehr, wenn er überhaupt feststellbar ist oder — wie Schmalenbach formuliert[22] —, daß aus den Vorleistungen „nicht nur vermutete, sondern auch tatsächliche Nutzungen fließen"[23].

Nicht ohne Widerspruch ist — wie Schmalenbach schreibt[22] — die Forderung nach einem Verteilungsbedürfnis als Voraussetzung für die Aktivierungsfähigkeit von Ausgaben für „Untersuchungen und Versuche" geblieben; „statische und dynamische Gesichtspunkte" liegen hier „ein wenig in Widerstreit". Im folgenden der Arbeit soll dieser Punkt daher gesondert und nur für die dynamische Bilanz geltend behandelt werden.

---

[20] *Schmalenbach*, a. a. O., S. 108.
[21] Ebenso *Dornemann*, ZfB 1957/104.
[22] *Schmalenbach*, a. a. O., S. 108.
[23] a. A. *Mellerowicz*, Forschungs- und Entwicklungstätigkeit als betriebswirtschaftliches Problem, Freiburg 1958, S. 254.

2. Die Bestimmungsfaktoren der Aktivierungsfähigkeit

a) Wert

Theoretisch ergibt sich der für die Bestimmung der Aktivierungsfähigkeit notwendige Wert aus dem Begriff der Erfindung. Begriffsmerkmal war, daß die durch die geistige Schöpfung gelöste Aufgabe brauchbar ist, d. h. der Befriedigung eines sozialen Bedürfnisses dienen kann. Ist eine Erfindung aber brauchbar, so ist damit auch ein Wert gegeben, denn der Wert eines jeden Gutes ist nur eine Funktion seiner Nützlichkeit[24].

Dadurch hat sich die Erfindung als immaterielles Gut so weit verdichtet, daß ein Unterschied zum materiellen Gut, dem stets ein Wert beigemessen wird, bei der Bestimmung der Aktivierungsfähigkeit nicht mehr besteht[25].

Praktisch stößt die Bestimmung des Werts eigener Erfindungen aber auf erhebliche Schwierigkeiten. Ein Marktpreis hat sich noch nicht gebildet. Vergleichswerte werden nur in Ausnahmefällen vorhanden sein. So bleibt vorwiegend als Maßstab die Nutzung, die der Erfindung im Betrieb oder auf Grund eines Lizenzvertrages durch einen Dritten zuteil wird.

Liegt eine solche Nutzung vor oder ist sie konkret vorgesehen, so dürfte dies in der Regel als Voraussetzung für die Aktivierungsfähigkeit genügen.

Als Nutzung wird man auch anerkennen müssen, wenn eine patentierte Erfindung nachweislich nur dazu dient, der Konkurrenz bestimmte Forschungs- und Entwicklungsgebiete zu blockieren (Defensivpatent)[26].

Da im Patentverfahren die Brauchbarkeit und die Erfindungshöhe der angemeldeten Erfindung geprüft wird, ist das Patent ein Indiz für den Wert der Erfindung. Das bedeutet aber nicht, daß jedes Patent auch einen Wert hat. Die dem Patent zugrunde liegende Erfindung kann inzwischen ihren Wert verloren haben, es kann also ein „Abgang" eingetreten sein.

Ist die Erfindung nicht geschützt, so heißt das nicht, daß die Aktivierungsfähigkeit grundsätzlich abzuerkennen ist[27]; ungeschützte Erfindungen können wertvoller sein als solche, die zu einem Patent geführt haben.

---

[24] *Mohr*, a. a. O., S. 95.

[25] Ähnlich *Kossack*, Die immateriellen Wirtschaftsgüter in betriebswirtschaftlicher Sicht, Diss. München 1958, S. 26.

[26] Ebenso *Zimmermann*, Die Jahresbilanz der Aktiengesellschaft, Zürich 1912, S. 284; a. A. *Kienzle*, WP 1933/95 = beide zitiert nach *Hast*, a. a. O., S. 247.

[27] s. auch: *Kossack*, a. a. O., S. 17; *Klebba*, a. a. O., S. 356; a. A. *Gerstner*, a. a. O., S. 97; *Kienzle*, WP 1933/36 zitiert nach *Hast*, a. a. O., S. 247.

Durch diese Schwierigkeiten, die noch wesentlich anwachsen, wenn der Wert einer Erfindung beziffert werden soll, hat sich gegen die Aktivierung von eigenen Erfindungen eine begreifliche Skepsis gebildet. Sie hat nicht nur zur Folge, daß der Wert von Erfindungen mit strengster Vorsicht beurteilt werden soll — was durchaus zu begrüßen ist —, sondern führt auch teilweise in der Literatur zu dem Schluß, daß eine Aktivierung von eigenen Erfindungen grundsätzlich abzulehnen sei[28]. Das würde bedeuten, daß auch feststellbare Werte nicht aktiviert werden dürfen. Diese Tatsache widerspricht der betriebswirtschaftlichen Funktion der Bilanz, gleichgültig, ob man von der statischen oder der dynamischen Bilanzauffassung ausgeht. Einer grundsätzlichen Ablehnung von eigenen Erfindungen als aktivierungsfähige Güter kann daher aus betriebswirtschaftlicher Sicht nicht zugestimmt werden. Es ist auch nicht einzusehen, warum z. B. ein eigenes Patent, das — bei statischer Betrachtung — einen feststellbaren Verkehrswert und — nach dynamischer Anschauung — einen konkreten Nutzwert für folgende Jahre hat, anders behandelt werden soll als z. B. eine Maschine. Beide Güter sind in gleichem Maße an der Leistung des Betriebs beteiligt und sind in gleichem Maße Bestandteil des Betriebsvermögens. Erst wenn die Umstände dazu zwingen, kann eine unterschiedliche Behandlung gerechtfertigt sein.

b) Kostenanfall

Neben dem Wert der eigenen Erfindung ist weitere Voraussetzung für die Anerkennung der Aktivierungsfähigkeit ein Anfall von Kosten, die dann später bei der Bewertung Maßstab für den Wertansatz werden.

Kosten der eigenen Erfindung sind die für die Erfindung angefallenen Löhne, Gehälter, Materialien, Werkzeuge, Leistungen Dritter, Abschreibungen, Zinsen usw. Dazu kommen anteilige Gemeinkosten. Ebenfalls zu den Herstellungskosten rechnen die Prozeßkosten zur Durchsetzung eines Patents[29] und einmalige Vergütungen an Arbeitnehmer für ihre Dienst-Erfindungen[30]. Aufwendungen für Forschungsgebäude sowie Maschinen und Werkzeuge, die zwar nur der Entwicklung, dieser aber ganz allgemein dienen oder dienen können, sind nicht — wie vereinzelt behauptet — Entwicklungskosten im Jahr des Anfalls, sondern müssen aktiviert werden. Lediglich angemessene Abschreibungen sind als Kosten zu verrechnen.

---

[28] *Flume*, Die Forschungs- und Entwicklungskosten in Handels- und Steuerbilanz, DB 1958/1046; *Mellerowicz*, a. a. O., S. 294.
[29] *Haas-Oechsner*, Der Jahresabschluß nach Handels- und Steuerrecht, Wiesbaden 1958, S. 308.
[30] Vgl. S. 14.

Zu den Herstellungskosten der Erfindung gehören nur die Kosten, die bis zum Vorliegen des Ergebnisses sowie durch die eventuelle Patent-Anmeldung angefallen sind. Verhandlungskosten über eine Lizenzvergabe, laufende Patentgebühren, Vorbereitungskosten für die Auswertung des Patents (Kosten für Werkstattzeichnungen, Stücklistenfertigung, Akkordlohnberechnungen usw.) sind keine Herstellkosten der Erfindung mehr[31], ebenso nicht Kosten der Fertigungsüberwachung und Fertigungshilfe, selbst wenn sie durch die Entwicklungsabteilung entstehen[32].

Erfaßbar sind die Kosten nach dem gleichen Verfahren wie für jeden innerbetrieblichen Auftrag. Oft wird aber eine Kostenträgerrechnung, wobei der Kostenträger übrigens nur abrechnungstechnisch besteht[33], nicht vorhanden sein, sondern nur eine Sammlung der Kosten für bestimmte Kostenträgergruppen oder Entwicklungskostenstellen erfolgen. Das kann durchaus sinnvoll sein. Die Organisation einer Entwicklungsabteilung darf nämlich nicht soweit ausgebaut werden, daß die hochbezahlten Arbeitskräfte ihre Zeit zu einem wesentlichen Teil mit Ausschreiben von Lohn- und Materialbelegen sowie sonstigen Verwaltungsarbeiten verbringen müssen.

In der Regel werden für eigene Erfindungen Kosten angefallen sein, insbesondere, wenn sie Ergebnis systematischer Forschung oder Entwicklung sind. Denkbar sind aber auch Zufallserfindungen, die keine oder keine feststellbaren Kosten haben oder bei denen die Kosten (z. B. nur Kosten der Patentanmeldung) so gering sind, daß sie in keinem angemessenen Verhältnis zum Wert der Erfindung stehen. Hier entsteht die Frage, ob fiktive Kosten an die Stelle der echten Herstellungskosten treten können.

Eine Aktivierung von Erfindungen, deren Wert zwar außer Zweifel steht, für die aber Kosten nicht angefallen sind, könnte lediglich aus der Anschauung der rein statischen Bilanztheorie heraus begründet werden. Sieht man nämlich in der Bilanz die reine Vermögensübersicht, so müßte ein zweifelsfrei feststehender Wert in diese aufgenommen werden[34]. Nach dem heutigen Stand der Betriebswirtschaftslehre wird der Bilanz

---

[31] *Erhard*, Zur Frage der steuerlichen Aktivierung von betrieblichen Versuchs- und Entwicklungskosten, BB 1955/990.
[32] *Breng*, a. a. O., S. 28.
[33] *Breng*, a. a. O., S. 11; *Mellerowicz*, a. a. O., S. 14.
[34] Wie auf S. 19 dargestellt, machen die Vertreter der reinen statischen Theorie jedoch die Kosten zum Indiz des Wertnachweises.
Diese Folgerung zieht auch *Mutze*, a. a. O., S. 30, wenn für die Erfindung „bei vorsichtiger Bewertung ‚übliche Anschaffungskosten' zuverlässig ermittelt werden können". „Dies", so schreibt Mutze aber weiter, „dürfte allerdings bei einer Zufallserfindung schwerlich der Fall sein".

jedoch nicht die Funktion einer reinen Vermögensübersicht beigemessen, sie ist vielmehr — wie vorstehend dargestellt — Kapitalnachweis oder Zusammenstellung der Vor- und Nachleistungen. Damit entfällt die Möglichkeit, eigene Erfindungen mit einem tatsächlichen, ihre Herstellungskosten übersteigenden Wert in die Bilanz aufzunehmen. Eigene Erfindungen ohne sie verursachende Kosten sind also nicht aktivierungsfähig[35]. Der entstandene Wert, der nicht aktiviert werden darf oder die aktivierbaren Kosten übersteigt, reichert den Geschäftswert der Unternehmen an, der die Summe dieser und anderer nicht aktivierungsfähiger Güter darstellt und nach Wertung am Markt als derivativer Wert in der Bilanz eines Dritten Niederschlag finden kann[36].

Dem widerspricht nicht, daß Werte, die von einem Unternehmen kostenlos (unentgeltlich), z. B. durch Schenkung, erworben sind, nach überwiegender Meinung in der Praxis[37] mit den üblichen Anschaffungskosten aktiviert werden können. Diese Werte fließen dem bilanzierenden Unternehmen nämlich von außen zu, sie stellen eine Mittelzufuhr in Form einer Sachleistung dar, die bewertet werden kann bzw. muß und zu einem Ertrag führt. Anders ist es bei der eigenen Zufallserfindung; sie ist originär im Unternehmen entstanden, eine Veränderung der Mittel ist nicht eingetreten. Dies verkennt Mutze[38], wenn er eigene Zufallserfindungen wie unentgeltlich durch Rechtsgeschäft erworbene Güter behandelt wissen will[39].

Wurden bisher die Fälle behandelt, in denen eine Erfindung und damit ein Wert als Voraussetzung der Aktivierungsfähigkeit feststand, aber unsicher war, ob dafür auch Kosten angefallen sind, so ist jetzt zu untersuchen, ob Kosten, die erst zu einer Erfindung führen sollen, aktiviert werden können.

Im allgemeinen stellen Versuche, die noch zu keinem Ergebnis geführt haben, weder einen verkehrsfähigen Wert noch einen Nutzwert für kommende Jahre dar.

Das würde — konsequent betrachtet — nach statischer wie nach dynamischer Bilanztheorie bedeuten, daß am Ende der Bilanzperiode noch nicht abgeschlossene Entwicklungen in der Regel als Aufwand verrechnet werden müssen. Fällt dann im folgenden Jahr die Erfindung als Er-

---

[35] Ebenso *Gerstner*, a. a. O., S. 78; *Schmalenbach*, a. a. O., S. 108; *Hast*, a. a. O., S. 249.
[36] *Kossack*, a. a. O., S. 55; *Mohr*, a. a. O., S. 97.
[37] *Adler-Düring-Schmaltz*, a. a. O., § 133, Tz. 103 mit weiteren Literaturangaben.
[38] *Mutze*, a. a. O., S. 29 f.
[39] Mutze beruft sich meines Erachtens in diesem Zusammenhang zu Unrecht auf *Adler-Düring-Schmaltz*, a. a. O., § 129, Tz. 29.

gebnis der Entwicklung an, so wäre ein Teil des Vorjahresaufwands zu reaktivieren oder die Herstellungskosten der aktivierten Erfindung würden unvollständig ausgewiesen werden.

Dieses Ergebnis ist unbefriedigend, wird aber in der Literatur durchaus vertreten[40], häufig jedoch von den Autoren, die eine Aktivierung von originären Erfindungen überhaupt ablehnen. Dem steht die meines Erachtens richtige Meinung[41] gegenüber, daß Kosten für noch nicht erfolgreich abgeschlossene Entwicklungen als Vorstufeleistung eines aktivierungsfähigen Gutes anzusehen und als solche zu aktivieren sind. Das aktivierungsfähige Gut befindet sich „im Bau". Die Fertigstellung, also der erfolgreiche Abschluß der Entwicklung, wird so lange unterstellt, wie dem entgegenstehende Tatsachen nicht vorliegen und noch Kosten aufgewandt werden.

Bedenken werden allerdings gegen eine Aktivierung von Kosten der Grundlagenforschung erhoben[42]; denn bei Grundlagenforschung „handelt es sich um solche Forschungsarbeiten, bei denen zum Zeitpunkt der Aufgabenstellung noch nicht oder mindestens noch nicht deutlich zu erkennen ist, für welches Anwendungsgebiet oder welche Anwendungsgebiete sie Bedeutung gewinnen werden"[43]. Es kann also im Zweifel keine Vorstufeleistung für eine bestimmte, später aktivierungsfähige Erfindung vorliegen.

Diese Argumentation entspricht rein theoretisch mehr dem Abgrenzungsbestreben der dynamischen Bilanzbetrachtung als dem reinen Vermögensdenken der Statiker. Sie führt zu einer Lösung, die in der gleichen Form bei materiellen Gütern gehandhabt wird, bei denen die Frage nach dem Wert der Halbfabrikate oder in Bau befindlichen Anlagegüter als Voraussetzung für eine Aktivierungsfähigkeit nicht mehr gestellt wird. Das ist auch folgerichtig, wenn man festgestellt hat, daß die Erfindung ihrem Wesen nach ein soweit verdichtetes immaterielles Gut darstellt, daß eine unterschiedliche Behandlung zum materiellen Gut bei der Bestimmung der Aktivierungsfähigkeit nicht mehr gerechtfertigt ist.

Praktisch bedeutet dies, daß bei der Bilanzierung von noch nicht abgeschlossenen Versuchen nicht nur festgestellt werden muß, ob das angestrebte Ergebnis aktivierungsfähig ist, sondern auch, ob tatsächliche Aussicht auf einen erfolgreichen Abschluß der Entwicklung besteht.

---

[40] *Flume*, DB 1958/1047; *Mellerowicz*, a. a. O., S. 267 und weitere Literaturangaben bei *Hast*, a. a. O., S. 289.
[41] *Hast*, a. a. O., S. 289 mit weiteren Literaturangaben; *Klebba*, a. a. O., S. 354, RFH 21/346 zitiert nach *Klebba*, a. a. O., S. 354.
[42] WP-Handbuch 1959, S. 524.
[43] *Mellerowicz*, a. a. O., S. 25.

Über die Aktivierungsfähigkeit des angestrebten Ergebnisses wird man oft schon vor Beginn der Versuchsarbeiten Aussagen machen können, denn mit Beginn einer Entwicklung sollte feststehen, ob andere Patente einen Erfolg verhindern und welche wirtschaftliche Ausnutzung die geplante Erfindung erfahren soll. Bei der Beurteilung, ob und wann mit dem Eintritt eines Erfolges von Entwicklungsarbeiten zu rechnen ist, wird man sich wohl vorwiegend auf die Berichte der Techniker verlassen müssen. In vielen Fällen ist eine klare Beurteilung von einem zum anderen Bilanzstichtag schon möglich. Laufen Entwicklungen über längere Zeiträume, ist besondere Vorsicht geboten.

Damit hängt der Umfang dessen, was betriebswirtschaftlich erreicht werden soll, wieder — wie auch schon bei der Beurteilung des Wertes einer eigenen Erfindung — von den tatsächlichen Gegebenheiten ab.

c) Kostenverteilungsbedürfnis

Waren sich die Vertreter der statischen und die der dynamischen Bilanztheorie darüber einig, daß eine eigene Erfindung nur aktiviert werden darf, wenn sie einen feststellbaren Wert hat, der durch Kosten entstanden ist, so erhebt Schmalenbach[44] nach dynamischer Bilanzauffassung die zusätzliche Forderung, daß ein Bedürfnis für die Verteilung der Kosten vorhanden sein muß.

In der Regel wird dieses Verteilungsbedürfnis schon dadurch entstehen, daß die Entwicklungsabteilung periodisch besonderen Anforderungen gerecht werden muß, also der Kostenanfall nicht gleichbleibend ist.

Ein mangelndes Verteilungsbedürfnis setzt nämlich praktisch nicht nur eine ständige Forschungs- und Entwicklungsarbeit voraus, sondern auch, daß die Kosten dafür in jedem Jahr mit einer gewissen Regelmäßigkeit anfallen.

Wollte man in diesem Fall die Kosten für erfolgreich abgeschlossene Versuche aktivieren, so würde man die Vergleichbarkeit der periodischen Erfolgsrechnungen stören, denn die Erfolge sind keine Funktion der Kosten; das Verhältnis der Kosten zum Erfolg ist vielmehr stark vom Zufall beeinflußt[45].

Fehlen kann ein Verteilungsbedürfnis aber nur bei eigenen *auftragsungebundenen* Erfindungen. Auftragsgebundene Erfindungen sind nämlich Leistungen des Betriebes, die einem Dritten in Rechnung zu stellen sind; ihre Kosten werden nicht zur Verteilung auf die Nutzungszeit aktiviert, sondern als Vorleistungen bis zur Berechnung in der Bilanz ge-

---

[44] s. S. 21.
[45] *Schmalenbach*, a. a. O., S. 109.

sammelt. Sie sind nach der Terminologie Schmalenbachs nicht Leistungen, die noch nicht Aufwand sind, sondern solche, die noch nicht Einnahmen sind.

Wie die Kosten auftragsgebundener Erfindungen sind auch die ungebundenen Erfindungen zu behandeln, die nicht zur Nutzung, sondern zum Verkauf bestimmt sind; diese Kosten werden später ebenfalls nicht Aufwand, so daß ein Verteilungsbedürfnis entfallen kann; sie werden Erlös.

Fehlt die Aktivierungsfähigkeit einer Erfindung für die dynamische Bilanz wegen mangelnden Verteilungsbedürfnisses, so entsteht die Frage, ob die Kosten dieser Erfindung in die aktivierungsfähigen Herstellungskosten der Vorräte eingerechnet werden können. Die Antwort gibt Schmalenbach wie folgt[46]:

„Hinsichtlich der Selbstkostenrechnung der Halb- und Fertigfabrikate kann man den Bilanzierenden weitgehend Freiheit lassen, wenn nur das Prinzip der Stetigkeit und damit das Prinzip des Erfolgsausweises gewahrt bleibt."

3. Ergebnis

Die Aktivierungsfähigkeit von eigenen Erfindungen begründen die beiden heute wohl für die Praxis bedeutendsten Bilanztheorien, das sind die statische und die dynamische Bilanztheorie, zwar verschieden, kommen grundsätzlich aber zu angenäherten Ergebnissen. Danach sind gemeinsame Voraussetzungen für eine Aktivierungsfähigkeit, daß die eigene Erfindung einen Wert hat, der durch feststellbare Kosten entstanden ist. Zusätzlich wird nach dynamischer Bilanzauffassung noch gefordert, daß ein Bedürfnis für die Verteilung der festgestellten Kosten bestehen muß.

Der Wert ist der Erfindung begrifflich immanent, gleichgültig, ob es sich um geschützte oder ungeschützte Erfindungen handelt; die geschützte Erfindung hat lediglich im Patentverfahren ausdrücklich Anerkennung gefunden, ihre praktische Bestimmung ist also erleichtert. Darüber hinaus kann die Patentierung werterhöhend wirken, was jedoch nur auf die Bewertung, nicht aber auf die Bestimmung der Aktivierungsfähigkeit Einfluß hat.

Die Kosten sind notwendige Voraussetzung für die Aktivierungsfähigkeit, ebenso wie sie die Bewertungshöchstgrenze darstellen. Sind für Erfindungen Kosten nicht feststellbar, so entfällt für sie eine Aktivierung, selbst wenn sie zweifelsfrei einen wesentlichen Wert darstellen. Als originärer Wert ohne Kosten reichert die Erfindung dann den nicht aktivierungsfähigen Geschäftswert an. Kosten für Versuche, die noch zu keinem Ergebnis geführt haben, in den meisten Fällen also auch kaum

---

[46] *Schmalenbach*, a. a. O., S. 115.

einen Wert darstellen, können als Vorstufeleistung einer aktivierungsfähigen Erfindung zumindest so lange bilanziert werden, wie mit dem Eintritt eines Erfolges zu rechnen ist.

Nur für eine dynamische Bilanzbetrachtung gilt die Ansicht Schmalenbachs, nach der als weitere Voraussetzung für eine Aktivierung von eigenen Erfindungen ein Bedürfnis bestehen muß, die Kosten der Erfindung zu verteilen. Dieses Bedürfnis fehlt nach Schmalenbach insbesondere, wenn ein in jeder Periode regelmäßiger Kostenanfall für Forschung und Entwicklung durch Aktivierung von Erfindungen gestört wird. Nicht zu berücksichtigen ist das Kriterium des Verteilungsbedürfnisses bei gebundenen Erfindungen; sie sind als Leistungen für Dritte stets zu aktivieren.

Der Durchführung des betriebswirtschaftlichen Solls stehen — wie ausgeführt — in der Praxis beachtliche Schwierigkeiten gegenüber. Diese berechtigen aber nicht dazu, eine Aktivierungsfähigkeit von eigenen Erfindungen grundsätzlich abzulehnen.

Nicht nur das Prinzip der Vorsicht, sondern auch das Prinzip der Wahrheit bzw. der richtigen Erfolgsermittlung (wobei je nach der Bilanzanschauung der eine oder der andere Grundsatz mehr Gewicht erhält) sind bei der Aktivierung von eigenen Erfindungen als Bilanzierungsgrundsätze zu beachten. Beiden Grundsätzen sollte also weitgehend Rechnung getragen werden. Nur im mindesten ist das — wenn die Umstände dazu zwingen — allein durch Einhaltung des Prinzips der Vorsicht möglich. Dabei muß dann aber beachtet werden, daß eine Aktivierungsfähigkeit nur versagt werden kann, wenn der Wert der Erfindung oder der Eintritt der Erfindung auf Grund laufender Versuche ungewiß sind; ist nur die Höhe des Wertes ungewiß, so ist die Aktivierungsfähigkeit zu bejahen und die Ungewißheit bei der Bewertung zu berücksichtigen.

III. Die Aktivierungspflicht

Ergab die bisherige Untersuchung, daß eigene Erfindungen grundsätzlich aktivierungsfähig sind, so ist nun zu klären, ob sie aktiviert werden können oder aktiviert werden müssen, ob also nicht nur ein Aktivierungsrecht, sondern auch eine Aktivierungspflicht besteht.

Geht man wieder von den grundlegenden Bilanztheorien aus, so ergibt sich eindeutig eine Aktivierungspflicht.

Die rein statische Bilanztheorie will eine möglichst vollständige Vermögensaufstellung. Bei dieser können Werte vorsichtig, also unter ihrem tatsächlichen Wert angesetzt werden; zu erfassen sind sie aber.

Hat sich ein Gut als aktivierungsfähig erwiesen, so ist es in die Bilanz auch aufzunehmen. § 40 HGB, der noch weitgehend unter statischen Gesichtspunkten formuliert worden ist, bestimmt denn auch: „Bei der Aufstellung... der Bilanz sind *sämtliche* Vermögensgegenstände... anzusetzen."

Für die beschränkt statische Theorie ist es „Aufgabe der Aktivseite der Bilanz... zu zeigen, wie die Werte, die in einer Unternehmung aufgewendet wurden, ihre augenblickliche wirtschaftliche Verwendung als werbende Vermögensbestandteile gefunden haben"[47]. Diese Funktion kann nicht mehr erfüllt werden, wenn aktivierungsfähige Erfindungen in die Bilanz nicht aufgenommen werden. Die Aufgabe der Bilanz zwingt zu einer Aktivierung.

Ebenso ist es bei der dynamischen Bilanz. Ihre Funktion ist es, der Erstellung möglichst vergleichbarer Erfolgsrechnungen zu dienen. Werden nun aber Ausgaben, die weder als Aufwand noch als Wiedereinnahmen ausgelöst sind, oder Leistungen, die weder als Einnahmen noch als Aufwand ausgelöst sind[48], nicht in der Bilanz abgegrenzt, so ergibt sich eine ungerechtfertigte Belastung einer Periode; die Vergleichbarkeit der periodischen Erfolgsrechnungen wird gestört.

Damit wird die Aktivierungspflicht — anders als im Handelsrecht — eine notwendige Folge der Aktivierungsfähigkeit. Ermessensspielraum, z. B. um dem Grundsatz der Vorsicht zu entsprechen, bietet sich für den Kaufmann — wie gesagt — nur bei der Bestimmung der Aktivierungsfähigkeit und bei der Bewertung.

---

[47] *Gerstner*, a. a. O., S. 59.
[48] *Schmalenbach*, a. a. O., S. 30 ff.

C. Aktivierungsfähigkeit und Aktivierungspflicht von eigenen Erfindungen in handelsrechtlicher Sicht

I. Die handelsrechtlichen Bilanzierungsvorschriften als Grundlage für die Bestimmung der Aktivierungsfähigkeit und Aktivierungspflicht

1. Allgemeines

Für die Beurteilung der Aktivierungsfähigkeit von eigenen Erfindungen in handelsrechtlicher Sicht bilden die bestehenden rechtlichen Vorschriften die Grundlage. Dies sind als lex generalis die §§ 38 ff. HGB und als lex spezialis insbesondere die Bestimmungen über Rechnungslegung im Aktien-, GmbH- und Genossenschaftsgesetz.

Nach § 39 HGB sind Grundstücke, Forderungen, Schulden, bares Geld und sonstige Vermögensgegenstände des Kaufmanns in die Bilanz aufzunehmen. Was alles unter sonstige Vermögensgegenstände zu verstehen ist, dafür gibt § 131 AktG Anhaltspunkte. Eine Definition im Gesetz findet sich hierüber ebensowenig wie eine Bestimmung, wann ein Gut als aktivierungsfähig zu betrachten ist[1]. Dies muß vielmehr aus dem Wesen der Handelsbilanz, wie es sich aus den Rechtsvorschriften ergibt, und nach den „Grundsätzen ordnungsmäßiger Buchführung" entschieden werden[2], die nach § 38 HGB ausdrücklich anzuwenden sind und zu denen nach einer Entscheidung des Reichsgerichts aus dem Jahre 1885 auch die Grundsätze ordnungsmäßiger Bilanzierung gehören[3].

2. Die handelsrechtliche Bilanz (Handelsbilanz)

Die Handelsbilanz hatte ursprünglich den Charakter einer Vermögensrechnung. Dies zeichnet sich in den Formulierungen der §§ 39 und 40 HGB, die aus dem vorigen Jahrhundert stammen, noch ab[4]. Unter dem Ein-

---

[1] *Trumpler*, Die Bilanz der Aktiengesellschaft, Berlin-Leipzig 1937, S. 12; *Adler-Düring-Schmaltz*, a. a. O., § 129, Tz. 26; *Mutze*, a. a. O., S. 37.
[2] *Adler-Düring-Schmaltz*, a. a. O., § 129, Tz. 27.
[3] *Schmalenbach*, a. a. O., S. 203; *Trumpler*, a. a. O., S. 10.
[4] *Gnam*, a. a. O., 1.1.1.; *Mellerowicz*, Abschreibungen in Erfolgs- und Kostenrechnung, Heidelberg 1957, S. 18.

fluß der dynamischen Bilanztheorie von Schmalenbach hat sie sich jedoch immer mehr zu einer Erfolgsermittlungsbilanz entwickelt, was besonders bei den Vorschriften über die Rechnungslegung der Aktiengesellschaften deutlich wird[5]. Dabei hat sie aber nicht — wie nach der dynamischen Bilanztheorie erforderlich — den Grundsatz der Vorsicht bei der Bilanzierung hinter den Grundsatz der Vergleichbarkeit des Erfolges zurückgestellt[6]. Es entspricht durchaus dem Wesen der Handelsbilanz, wenn auf Kosten eines vergleichbaren Erfolges stille Reserven in angemessenem Umfang gebildet werden[7]. Allerdings wird von dieser Möglichkeit oft ein zu reichhaltiger und keineswegs mehr betriebsnotwendiger Gebrauch gemacht. Der Gesetzgeber sieht daher im Regierungsentwurf eines neuen Aktiengesetzes eine Begrenzung der stillen Reserven vor[8].

Nach herrschender Meinung ist die Handelsbilanz heute somit als eine Erfolgsermittlungsbilanz zu betrachten, die auch — aus ihrer Entwicklung erklärlich — statische Elemente enthält[9].

3. Die Grundsätze ordnungsmäßiger Bilanzierung

Das Wesen der Handelsbilanz spiegelt sich in den Grundsätzen ordnungsmäßiger Buchhaltung wider, die nur zum Teil im Gesetz festgelegt sind, sich im übrigen aber „als kaufmännischer Brauch in der Entwicklung befinden und je nach Organisation der Wirtschaft auch einer Ausgestaltung fähig sind"[10]. Ihren Ausdruck finden die Grundsätze in der Rechtsprechung, in der Fachliteratur und in der Praxis, wobei letztlich die Praxis bestimmend ist[11]. Dabei ist aber zu beachten, „daß eine Bilanzgewohnheit nur dann als verpflichtende Gewohnheit anerkannt werden kann, wenn sie sich den Gewohnheiten eines ehrbaren Kaufmanns anpaßt"[12].

---

[5] *Mellerowicz*, Abschreibungen, S. 19.

[6] *Adler-Düring-Schmaltz*, a. a. O., § 129, Tz. 4; *Haas-Oechsner*, a. a. O., S. 19.

[7] *Fürst*, Bilanzierungsgrundsätze in der Praxis, Essen 1956, S. 290 mit Hinweis auf RGZ 115/384 und RGZ 116/119.

[8] E § 146 AktG; auf die Problematik, die durch die geplante Regelung entsteht, hat Götze, zu § 151 des Referentenentwurfs eines Aktiengesetzes, WPg 1959/29 ff., hingewiesen.

[9] *Adler-Düring-Schmaltz*, a. a. O., § 129, Tz. 12; *Rössle*, Bilanz, HWB, Bd. I, Spalte 1101; *Breng*, a. a. O., S. 15; *Hast*, a. a. O., S. 7; *Gnam*, a. a. O., 1.1.5; a. A. *Gerstner*, a. a. O., S. 9.

[10] *Adler-Düring-Schmaltz*, a. a. O., § 129, Tz. 25.

[11] *Adler-Düring-Schmaltz*, a. a. O., § 129, Tz. 25; *Hast*, a. a. O., S. 5; *Mutze*, a. a. O., S. 41.

[12] *Schmalenbach*, a. a. O., S. 104; ebenso *Adler-Düring-Schmaltz*, a. a. O., § 129, Tz. 25; *Hast*, a. a. O., S. 6; *Rössle*, a. a. O., Spalte 1104.

C. Erfindungen in handelsrechtlicher Sicht

Nach herrschender Meinung[13], die durch die Rechtsprechung bestätigt worden ist[14], haben die Grundsätze ordnungsmäßiger Buchhaltung zum Teil ihren Niederschlag im Aktiengesetz gefunden, insbesondere dort in den §§ 131—133, so daß die in diesen Vorschriften verankerten Grundsätze nicht nur für die Bilanzierung von Aktiengesellschaften, sondern ganz allgemein Geltung haben. § 133 AktG wird sogar für die Bilanzierung bei Unternehmen, die nicht in der Rechtsform einer Aktiengesellschaft betrieben werden, für entsprechend anwendbar erklärt[15].

Die für die Bilanzierung maßgebenden ordnungsgemäßen Grundsätze sind nach Hast[16] letzten Endes auf die Prinzipien der Bilanzklarheit, der Bilanzwahrheit und der Vorsicht zurückzuführen. Daneben werden von einigen Autoren[17] noch die mehr formalen Prinzipien der Bilanzstetigkeit und der Bilanzidentität — teils zusammengefaßt unter dem Oberbegriff der Bilanzkontinuität — genannt.

Der Grundsatz der Bilanzklarheit als „Prinzip der formalen Ordnungsmäßigkeit"[18] bezieht sich vor allem auf die Gliederung der Bilanz und findet seinen Ausdruck im Wortlaut des § 129 Abs. 1 Satz 2 AktG[19]. Der Jahresabschluß ist so klar und übersichtlich aufzustellen, daß er einen möglichst sicheren Einblick in die Lage der Gesellschaft gewährt.

Das Prinzip der Bilanzwahrheit betrifft die materielle Ordnungsmäßigkeit der Bilanz. Absolut kann es nicht verwirklicht werden; daher wird meist[20] auch nur eine Wahrheit, die im Rahmen der rechtlichen Vorschriften und kaufmännischen Übung erreichbar ist[21], gefordert. Das bedeutet, daß die Bilanz ausdrücklich nichts Falsches enthalten darf (z. B. fiktive Posten), daß sie vollständig und daß sie unter Beachtung der Höchstbewertungsvorschriften aufgestellt sein muß. Vollständig ist eine Bilanz aufgestellt, wenn sie alle Vermögenswerte des Kaufmanns, die

---

[13] *Adler-Düring-Schmaltz*, a. a. O., § 133, Tz. 4, und Vorbemerkung zu § 131/32, Tz. 6; *Breng*, a. a. O., S. 14; *Rössle*, a. a. O., Spalte 1104; *Haas-Oechsner*, a. a. O., S. 21; *Fürst*, a. a. O., S. 58 mit Hinweis auf eine Äußerung der Spitzenverbände der Wirtschaft an den RFH und *Hast*, a. a. O., S. 9 mit weiteren Angaben, besonders aus älterer Literatur.

[14] RFH vom 14. 3. 1939, RStBl. 1939, § 746, zitiert nach *Binder*, BB 1956/539.

[15] *Baumbach-Duden*, HGB, 13. Aufl., München-Berlin 1959, § 40, Anm. 2 A.

[16] *Hast*, a. a. O., S. 6.

[17] *Götze*, Grundzüge der Bilanzierung, Berlin 1947, S. 10; *Rössle*, a. a. O., Spalte 1105; WP-Handbuch 1959, S. 483; *Adler-Düring-Schmaltz*, a. a. O., § 133, Tz. 17.

[18] *Hast*, a. a. O., S. 6.

[19] *Rössle*, a. a. O., Spalte 1104; *Adler-Düring-Schmaltz*, a. a. O., § 129, Tz. 13; *Gerstner*, a. a. O., S. 52.

[20] *Rössle*, a. a. O., Spalte 1104; *Adler-Düring-Schmaltz*, a. a. O., § 129, Tz. 19; *Gerstner*, a. a. O., S. 53; WP-Handbuch 1959, S. 483; *Hast*, a. a. O., S. 7; *Göthe*, a. a. O., S. 11.

[21] a. A. z. B. *Mutze*, a. a. O., S. 29.

nach gesetzlichen Vorschriften aktivierungsfähig sind, enthält. Eine Einschränkung des Prinzips der Bilanzwahrheit stellt der Grundsatz der vorsichtigen Bilanzierung dar, insbesondere, wenn man nach diesem stille Reserven für zulässig hält[22].

Der Grundsatz der vorsichtigen Bilanzierung — er hat seinen Niederschlag auch im § 133 AktG gefunden — sieht unter anderem vor, daß die Anschaffungs- bzw. Herstellungskosten eines Gutes als dessen Höchstwerte anzusehen und für den Wertverlust der Vermögensgegenstände Abschreibungen bzw. Abwertungen auf den Niederstwert vorzunehmen sind[23]. Damit ist die sich nach der dynamischen ebenso wie nach der beschränkt statischen Bilanztheorie ergebende betriebswirtschaftliche Erkenntnis, daß Bilanzgegenstände höchstens mit den für sie angefallenen Kosten bilanziert werden können, auch nach den Grundsätzen ordnungsmäßiger Bilanzierung für das Handelsrecht anerkannt.

Interessant ist in diesem Zusammenhang, daß die Einhaltung des Prinzips der Vorsicht in der neueren Literatur nicht mehr nur am Vermögen, das im Interesse des Gläubigerschutzes eher zu niedrig als zu hoch angesetzt werden soll, sondern der Argumentation Schmalenbachs folgend mehr am Erfolg, der eher zu niedrig als zu hoch auszuweisen ist, gemessen wird[24].

Auf eine Besprechung der übrigen Bilanzierungsgrundsätze kann verzichtet werden, sie sind für die weiteren Überlegungen kaum von Bedeutung.

II. Die Aktivierungsfähigkeit

1. Die Bestimmungsfaktoren nach den Grundsätzen ordnungsmäßiger Bilanzierung

Aus den Grundsätzen ordnungsmäßiger Buchführung schließen Adler-Düring-Schmaltz[25], daß aktivierbar grundsätzlich alle Vermögensgegenstände sind, „die Gegenstand des Rechtsverkehrs sein können, also Sachen und Rechte, auch immaterielle Güterrechte (Patente, Urheberrechte, Gebrauchsmuster)"[26].

---

[22] Auf die im Regierungsentwurf eines Aktiengesetzes enthaltene Einschränkung von stillen Reserven wurde oben schon hingewiesen.
[23] *Rössle*, a. a. O., Spalte 1104; *Trumpler*, a. a. O., S. 22; WP-Handbuch 1959, S. 487.
[24] *Adler-Düring-Schmaltz*, a. a. O., § 129, Tz 5; Mellerowicz: Abschreibungen, S. 19.
[25] *Adler-Düring-Schmaltz*, a. a. O., § 129, Tz. 29.
[26] Ebenso *Godin-Wilhelmi*, Kommentar zum Aktiengesetz, 1. Aufl., 1937, Anm. 3 zu § 131; *Baumbach-Hueck*, Aktiengesetz, 8. Aufl., München-Berlin 1954, Anm. 2 A zu § 131.

C. Erfindungen in handelsrechtlicher Sicht

Darüber hinaus ist es möglich, daß auch immaterielle Werte, die nicht selbständig Gegenstand des Rechtsverkehrs sein können, aber für das Unternehmen einen Nutzwert für folgende Jahre haben, bilanziert werden. Es handelt sich dabei z. B. um Reklamekosten, Abraumkosten im Bergbau usw. Meist werden Ausgaben für diese Zwecke nicht als „effektive Investitionen in Wirtschaftsgütern" — wie es Kossack[27] zutreffend möchte[28] —, sondern als transitorische Posten im weiteren Sinne angesehen. Als solche sind sie aber in der Bilanz gesondert zu zeigen[29].

Wie bereits ausgeführt, können Erfindungen als Rechte und auf Grund des ihnen immanenten Werts Gegenstand des Rechtsverkehrs sein; sie sind also aktivierbar. Dies geht auch aus § 131 AktG hervor, in dem als Position des Anlagevermögens vorgesehen ist: Konzessionen, Patente, Lizenzen, Marken- und ähnliche Rechte. Jedoch wird für ungeschützte Erfindungen, die nicht ausdrücklich aufgezählt, aber als selbständige Vermögensrechte[30] nach herrschender Ansicht in der genannten Position zu erfassen sind[31], ein gesonderter Ausweis gefordert, wenn es sich um einen wesentlichen Posten handelt[32].

Berücksichtigt man nun noch, daß die Erfindungen nach dem Grundsatz der Vorsicht höchstens mit ihren Anschaffungs- bzw. Herstellungskosten zu aktivieren sind[33], dann bestehen — abgesehen von dem spezifischen Erfordernis der dynamischen Bilanztheorie nach einem Bedürfnis für eine Verteilung der Herstellungskosten — die gleichen Voraussetzungen für die Aktivierungsfähigkeit von eigenen Erfindungen nach den Grundsätzen ordnungsmäßiger Bilanzierung, wie sie aus betriebswirtschaftlicher Sicht auf Grund der beschränkt statischen und der dynamischen Bilanztheorie herausgearbeitet wurden. Dies ist auch logisch, denn

---

[27] *Kossack*, a. a. O., S. 54.
[28] *Götze*, Die aktiven Rechnungsabgrenzungsposten als Bilanzgegenstände im Rahmen des Referentenentwurfs eines Aktiengesetzes, WPg 1959/302, spricht von Posten, die mit Immaterialgütern verwandt sind.
[29] so z. B. *Adler-Düring-Schmaltz*, a. a. O., § 131, Tz. 105; WP-Handbuch 1959, S. 551; *Kossack*, a. a. O., S. 54; *Gnam*, a. a. O., 1. 1. 5 (der diese Entwicklung allerdings nicht begrüßt); *Flume*, DB 1958/1048; a. A. *Döllerer*, Entwicklungskosten in der Handelsbilanz BB 1957/984, der wirtschaftliche Güter, die nicht Rechte sind, nur anerkennt, wenn sie derivativ erworben wurden.
[30] s. S. 13, so auch *Flume*, DB 1958/1046.
[31] *Trumpler*, a. a. O., S. 103; *Flume*, DB 1958/1047; WP-Handbuch 1959, S. 523; a. A. *Börnstein*, BB 1957/553.
[32] *Adler-Düring-Schmaltz*, a. a. O., § 131, Tz. 42.
[33] In der älteren Literatur (Angaben s. bei *Hast*, a. a. O., S. 245) wird auch die Ansicht vertreten, daß nach § 40 HGB eigene Patente zum Schätzpreis aktiviert werden können. Diese Meinung ist meines Erachtens heute nicht mehr haltbar, daher ist es nicht verständlich, daß *Mutze*, a. a. O., S. 30, sich ihr theoretisch anschließt. Praktisch hält auch er eine Aktivierung nur in Ausnahmefällen für möglich (s. S. 24, Fußnote 34).

das Wesen der Handelsbilanz entspricht ja — wie vorstehend ausgeführt — den Grundsätzen teils der dynamischen, teils der statischen Bilanztheorie.

In der Literatur wurde dann bis vor kurzem auch überwiegend anerkannt[34], daß eigene Erfindungen, denen Kosten zugrunde liegen, für die Handelsbilanz aktivierungsfähig sind. So stellen Adler-Düring-Schmaltz[35] allgemein fest:

„Aktivierbar sind unter bestimmten Voraussetzungen auch die sogenannten wirtschaftlichen Rechtsgüter (wie Firmenwert, Kundschaft und Goodwill), nämlich insoweit, als sie durch Rechtsgeschäft erworben, also bereits Gegenstand des Rechtsverkehrs gewesen sind, d. h. wenn zu ihrer Erlangung ein Entgelt gezahlt worden ist. Alle anderen Vermögensgegenstände sind dagegen stets aktivierbar, gleichgültig, ob sie entgeltlich oder unentgeltlich durch Rechtsgeschäft erworben oder ob sie von der Gesellschaft selbst hergestellt worden sind."

Die heute nur noch vereinzelt vertretene Meinung[36], daß zwar Patente, nicht aber ungeschützte Erfindungen aktivierungsfähig sind, halte ich nicht für richtig. Wie oben ausgeführt, besteht ein Wesensunterschied zwischen geschützten und ungeschützten Erfindungen nicht[37].

2. Die Sondervorschrift des § 133 Ziff. 2 AktG

§ 133 Ziff. 2 AktG bestimmt, wie Konzessionen, Patente... und ähnliche Rechte zu bewerten sind und sieht als Höchstwert nur die Anschaffungskosten vor. Dies steht im Gegensatz einmal zu § 133 Ziff. 1 AktG, der für die materiellen Güter gilt und als Bewertungsmaßstab ebenfalls die Anschaffungs-, aber auch die Herstellungskosten nennt, und zum anderen zu der gesetzlichen Regelung, die bis 1937 bestand.

Die Kommentatoren des Aktiengesetzes argumentieren, daß immaterielle Vermögenswerte in der Regel nur durch Anschaffung erworben werden können. Dies habe den Gesetzgeber veranlaßt, in der Bewertungsregel für immaterielle Güter nur von Anschaffungskosten zu sprechen. Wenn nun im Ausnahmefall der eigenen Erfindung die Eigenerstellung dieses immateriellen Gutes möglich ist, dann sei selbstverständ-

---

[34] *Hast*, a. a. O., S. 249 und 288; *Mutze*, a. a. O., S. 96; *Haas-Oechsner*, a. a. O., S. 306/307; *Adler-Düring-Schmaltz*, a. a. O., § 133, Tz. 147; *Döllerer*, BB 1957/985 (mit Literaturangaben aus der Zeit vor Erlaß des Aktiengesetzes; *Erhard*, BB 1955/991; *Godin-Wilhelmi*, a. a. O., Anm. 10 zu § 131 AktG; a. A. *Binder*, BB 1956/539; *Gnam*, a. a. O., 2. 1. 4.; *Mellerowicz*, a. a. O., S. 254.
[35] *Adler-Düring-Schmaltz*, a. a. O., § 129, Tz. 29.
[36] *Teichmann-Köhler*, Aktiengesetz, § 131, Erläuterung 3 a; *Döllerer*, BB 1957/985 (mit Verweisen auf Literatur aus der Zeit vor 1920).
[37] Im übrigen wird auf die Ausführungen auf S. 14 verwiesen.

C. Erfindungen in handelsrechtlicher Sicht

lich § 133 Abs. 1 AktG anzuwenden; ein Aktivierungsverbot für eigene Erfindungen sei mit der Formulierung des § 133 Abs. 2 AktG nicht beabsichtigt[38].

Danach verhielt sich auch die Praxis. Es kann zwar nicht gesagt werden, daß es üblich war, eigene Erfindungen zu aktivieren[39]; im Gegenteil: ein „vornehmes" Unternehmen tut so etwas nicht. Die Aktivierung von eigenen Erfindungen wurde aber durchaus als rechtlich zulässig betrachtet und eine Bilanz, die eigene Erfindungen enthielt, ohne weiteres mit dem Testat des Wirtschaftsprüfers versehen. Im WP-Jahrbuch 1954[40] wurde demnach noch zweifelsfrei festgestellt, daß immaterielle Werte „aktivierbar" sind, „soweit für sie besondere Aufwendungen gemacht worden sind". „Als Anschaffungskosten gelten sämtliche Erwerbskosten, einschließlich ..., als *Herstellungskosten* die Kosten für ..."

Im Jahre 1956 machte Binder[41] geltend, daß diese Auslegung beim Wortlaut des § 133 Ziff. 2 AktG nicht möglich sei, insbesondere, da eine ausdrückliche Abweichung von der bis 1937 geltenden Regelung bestehe. Daraus ergebe sich, daß dem Gesetzgeber kein Irrtum unterlaufen sei, sondern er Herstellungskosten für immaterielle Werte, das bedeutet im vorliegenden Fall eigene Erfindungen, nicht aktiviert wissen will, um „Bilanzkunststücke"[42], wie sie teilweise vorgekommen sind, zukünftig zu verhindern.

Seit dieser Zeit mehren sich die Stimmen, die im Hinblick auf § 133 Ziff. 2 AktG im allgemeinen eine Aktivierung von eigenen Erfindungen nicht für zulässig halten[43], so daß im WP-Handbuch 1959[44] festgestellt wird:

„Da die Herstellungskosten im Gesetz nicht erwähnt sind, ist die Aktivierung von Patenten aus eigenen Entwicklungen und patentreifen Erfindungen streitig."

Diese Stimmen gewinnen dadurch an Bedeutung, daß E § 146 Abs. 1 Ziff. 1 AktG vorsieht:

---

[38] So *Schlegelberger-Quassowski*, Kommentar zum Aktiengesetz, 3. Aufl., 1939, Anm. 13 zu § 133; *Adler-Düring-Schmaltz*, a. a. O., § 133, Tz. 118 mit weiteren Literatur-Angaben.

[39] *Mutze*, a. a. O., S. 38; *Döllerer*, BB 1957/986 (mit weiteren Quellen); *Haver*, BB 1954/654.

[40] S. 420.

[41] *Binder*, BB 1956/538 mit Hinweis auf *Böttcher*, Kartei-Handbuch „Wirtschaftsrecht" Teil 9 Aktienrecht, Abschnitt IV „Gliederung der Jahresbilanz".

[42] *Binder*, BB 1956/539.

[43] *Fuchs-v. d. Velde*, Steuerliche Behandlung des Entwicklungsaufwandes, DB 1956/972; *Döllerer*, BB 1957/985; *Flume*, DB 1958/1045; *Gnam*, a. a. O., 2.1.1.; *Grams*, Unkörperliche Wirtschaftsgüter des Anlagevermögens, DB 1960/558; *Mellerowicz*, a. a. O., S. 265.

[44] S. 523.

„Für immaterielle Anlagewerte darf ein Aktivposten nur angesetzt werden, wenn sie entgeltlich erworben wurden."

In der Begründung hierzu heißt es:

„Nr. 1 Abs. 3 entscheidet eine zum Aktiengesetz entstandene Streitfrage im Sinne bewährter kaufmännischer Übung. Immaterielle Anlagewerte sind in der Regel schwer schätzbar und daher unsichere Werte. Sie sollen deshalb nur bei entgeltlichem Erwerb aktiviert werden dürfen, wie es schon bisher für den Geschäfts- und Firmenwert vorgeschrieben ist (§ 133 Nr. 5 AktG, im Entwurf § 146 Abs. 1 Nr. 4). Damit ist zugleich klargestellt, daß Entwicklungskosten auch nicht als Herstellungskosten eines Patents aktiviert werden dürfen."

Der E § 146 Abs. 1 Ziff. 1 Abs. 3 AktG hat ebenso wie seine Begründung Widerspruch gefunden[45]. Und dies meines Erachtens mit Recht. Die Regelung wird — wie vorstehend herausgearbeitet — weder den Erkenntnissen der Betriebswirtschaft gerecht, noch ist sie nach den Grundsätzen ordnungsmäßiger Bilanzierung notwendig. Zur Durchsetzung des Prinzips der Vorsicht bei der Bilanzierung wird ein Aktivierungsverbot erlassen, während mit dem Bewertungsgrundsatz des Niederstwerts der gleiche Effekt erzielt werden könnte. Der Hinweis in der Begründung auf die Behandlung des Geschäftswertes ist nicht schlüssig. Der Geschäftswert ist nämlich in der Regel die Summe der einzelnen, nicht konkretisierbaren Güter oder wie Kossack formuliert „der auf Basis kapitalisierter Erträge ermittelte Vermögenswertkomplex"[46]. Damit ist er aber a priori nur aktivierungsfähig, wenn er erworben wurde, und nicht der eigenen Erfindung vergleichbar.

Wie dem auch sei, die im Regierungsentwurf vorgesehene Regelung stärkt die Meinung, daß auch nach geltendem Recht schon eine Aktivierung von eigenen Erfindungen in der Regel nicht möglich ist und hat darüber hinaus für sich, daß sie sich an den Wortlaut des Gesetzes hält; und Gesetze sollen primär nach dem Wortlaut ausgelegt werden[47], wenn dieser klar ist und nicht zu einer dem Gesetzessinn widersprechenden Lösung führt. Die Durchsetzung des Prinzips der Vorsicht widerspricht dem Gesetzessinn aber nicht, wie z. B. Flume ausführlich begründet[48]. Dem steht auch ein Gewohnheitsrecht nicht gegenüber, das positives Recht aufheben könnte.

„Gewohnheitsrecht ist die nicht durch Satzung, sondern durch tatsächliche Übung innerhalb einer Gemeinschaft erzeugte Rechtsregel[49]." Sie

---

[45] *Mutze*, a. a. O., S. 30 f.; *Götze*, WPg 1959/301 ff.
[46] *Kossack*, a. a. O., S. 56.
[47] H. *Lehmann*, Allgemeiner Teil des bürgerlichen Rechts, 5. Aufl., Berlin 1947, S. 41 für die h. L. und die Rechtsprechung.
[48] *Flume*, DB 1958/1046.
[49] H. *Lehmann*, a. a. O., S. 15.

setzt neben einer „tatsächlichen, nicht bloß gleichmäßigen Übung" die Überzeugung voraus, daß das, was geübt wird, auch Recht sei. Nun ist es weder ständig tatsächliche Übung, daß eigene Erfindungen aktiviert werden, noch kann man nach der Diskussion über die Auslegung des § 133 Ziff. 2 AktG sagen, daß eine allgemeine Überzeugung besteht, die die Aktivierung für rechtmäßig erachtet. Vielmehr sieht der Kaufmann nach Möglichkeit von einer Aktivierung ab.

Damit ist eine juristische Streitfrage entstanden, die hinsichtlich der Aktivierung von eigenen Erfindungen eine Rechtsunsicherheit schafft. Ich glaube, daß man an dem Wortlaut des Gesetzes nicht einfach vorbeigehen kann, selbst wenn die damit geschaffene Lösung betriebswirtschaftlich nicht befriedigt, nach den herkömmlichen Grundsätzen für die Bilanzierung nicht notwendig war und praktisch zu Härten führen kann. Im folgenden der Arbeit soll daher unterstellt werden, daß § 133 Ziff. 2 AktG im allgemeinen eine Aktivierung von eigenen Erfindungen nicht zuläßt.

Das bedeutet allerdings nicht, daß ein grundsätzliches Aktivierungsverbot für eigene Erfindungen besteht[50]. Eigene Erfindungen im Rahmen des Vorratsvermögens, das sind also gebundene Erfindungen[51] und solche, die zur Veräußerung bestimmt sind (Ausnahme!), sind nach wie vor aktivierungsfähig. Das gleiche gilt für Erfindungen, die mit dem Anlauf eines Betriebes zusammenhängen. Unberührt durch § 133 Ziff. 2 AktG bleibt nämlich § 133 Ziff. 4 Satz 2 AktG; danach dürfen die Kosten der Betriebseinrichtung, jedoch nur gesondert, in die Posten des Anlagevermögens aufgenommen werden. Zu den Kosten der Betriebseinrichtung gehören nach Adler-Düring-Schmaltz[52] „alle Aufwendungen, die bei der Ingangsetzung oder Erweiterung gemacht werden im Interesse des Aufbaues der Innen- und Außenorganisation des Unternehmens, der Ingangsetzung und der Ausübung des Betriebs". Auch Aufwendungen, die durch Umstellung des Betriebs entstehen, werden von einigen Autoren dazugezählt[53], was jedoch umstritten ist.

Diese Kosten können auch aktiviert werden, wenn sie noch zu keinem Erfolg geführt haben, also z. B. Vorstufeleistungen einer Erfindung sind. Voraussetzung für die Aktivierungsfähigkeit der Betriebseinrichtungskosten ganz allgemein ist nämlich nicht, „daß durch die Aufwendungen sichtbare Vermögensgüter geschaffen werden"[54]. Einen strengeren Maß-

---

[50] a. A. *Döllerer*, BB 1957/986.
[51] Ebenso *Binder*, BB 1956/540.
[52] *Adler-Düring-Schmaltz*, a. a. O., § 133, Tz. 194.
[53] *Döllerer*, BB 1957/986; *Flume*, DB 1958/1049.
[54] *Adler-Düring-Schmaltz*, a. a. O., § 133, Tz. 194.

stab wird man bei den Aufwendungen für Versuche machen müssen, die bei den Vorräten erfaßt werden. Soweit bei ihnen die Erlösfähigkeit nicht gegeben ist (Realisationsprinzip), sind sie nach dem strengen Niederstwertprinzip auszubuchen.

Eine Aktivierung von Entwicklungskosten als Rechnungsabgrenzungsposten (transitorisches Aktivum) im Anlagevermögen — wie Mutze und Flume es vorschlagen[55] — scheint mir jedoch nicht möglich; das würde dazu führen, daß die Vorstufeleistung einer Erfindung, aber nicht das Patent bilanziert werden darf.

Damit sind einige Härten, die sich aus der Einschränkung der Aktivierungsfähigkeit von eigenen Erfindungen auf Grund des § 133 Ziff. 2 AktG ergeben können, praktisch gemildert. Neugegründete Unternehmen und Unternehmen, die ihren Betrieb erweitern, haben die Möglichkeit, die Kosten für eigene Erfindungen nach § 133 Ziff. 4 AktG zu aktivieren. Bei Betrieben, die ständig in etwa gleichbleibendem Rahmen Forschung und Entwicklung betreiben, ist es nach Beendigung der Anlaufperiode gleichgültig, ob die Erfolgsrechnung durch Aufwendungen für Forschung und Entwicklung oder durch Abschreibungen auf die in Vorjahren aktivierten Patente belastet wird. Hart wird die gesetzliche Regelung bei der unterstellten Auslegung nur, wenn ein Unternehmen einmalig oder in mehr als eine Rechnungsperiode umfassenden Abständen erhebliche Aufwendungen für eigene Erfindungen macht, die wirtschaftlich auch den Folgejahren zugute kommen. Dadurch können Verlustabschlüsse und Gewinnverlagerungen entstehen, die wirtschaftlich nicht gerechtfertigt sind. Es wird hier meines Erachtens — ohne einer unvorsichtigen Bilanzierung das Wort reden zu wollen — für den Wirtschaftsprüfer notwendig sein, einer vollen Ausschöpfung der Möglichkeiten zuzustimmen, die auf Grund einer Bilanzierung von eigenen Erfindungen nach § 133 Ziff. 4 AktG und im Rahmen der Vorräte bestehen, es sei denn, die Ausschöpfung der Möglichkeiten dient dazu, die Bilanzen erfolgsschwacher Jahre zu „frisieren" oder sogar eine Gewinnausschüttung zu ermöglichen.

Es bleibt nun noch zu klären, ob und inwieweit die aus § 133 Ziff. 2 AktG gezogenen Folgerungen über den Geltungsbereich des Aktiengesetzes hinaus Auswirkungen haben. Es wurde vorstehend darauf hingewiesen, daß nach herrschender Meinung die Bilanzierungsvorschriften des Aktiengesetzes als eine Kodifizierung der Grundsätze ordnungsmäßiger Bilanzierung anzusehen sind, die nach § 38 HGB von sämtlichen Kaufleuten zu beachten sind. Weiter wurde aber auch festgestellt, daß die in der Praxis gebildeten Grundsätze ordnungsmäßiger Bilanzierung der Aktivierungsfähigkeit von eigenen Erfindungen, wenn für sie Auf-

---

[55] *Mutze*, a. a. O., S. 258; *Flume*, DB 1958/1049.

wendungen gemacht worden sind, nicht entgegenstehen. In § 133 AktG hat demnach eine Bestimmung Eingang gefunden, die sich nicht zwingend aus den Grundsätzen ordnungsmäßiger Bilanzierung ergibt. Der Gesetzgeber hat also an Stelle eines Grundsatzes eine Übung, die aus dem Prinzip der Vorsicht heraus nach Möglichkeit durchgeführt wird, zu Recht erklärt. Grundsätze bilden sich — wie erwähnt — letztlich in der Praxis, die aber stark vom Recht beeinflußt ist. Es ist meines Erachtens — besonders, wenn E § 146 AktG Rechtskraft erhält — auch bei Nichtaktiengesellschaften nur eine Frage der Zeit, bis sie unter dem Einfluß aktienrechtlicher Bestimmung auf eine Aktivierung von eigenen Erfindungen grundsätzlich verzichten. In dieser Zeit sollte man daher, das ist meine Ansicht, die sicher nicht ohne Widerspruch bleiben wird, gleiche Geschäftsvorfälle nicht verschieden bilanzieren, je nachdem in welcher Rechtsform ein Unternehmen betrieben wird. Mißt man den Bilanzierungsvorschriften des Aktiengesetzes die Bedeutung einer Kodifizierung der Grundsätze ordnungsmäßiger Bilanzierung zu, so sollte man dies uneingeschränkt machen, auch wenn ein darin aufgenommener Grundsatz als solcher noch nicht zweifelsfrei anerkannt ist[56].

Müssen nach § 133 Ziff. 2 AktG die Kosten von eigenen, ungebundenen Erfindungen als Aufwand verrechnet werden, so entsteht auch für die Handelsbilanz die Frage, ob die Aufwendungen im Rahmen der Herstellungskosten der Vorräte nach § 133 Ziff. 3 AktG aktivierungsfähig sind.

Herstellungskosten sind nach Adler-Düring-Schmaltz[57] Selbstkosten abzüglich Vertriebskosten. Stehen Aufwendungen für eine Erfindung zu einem Erzeugnis in Beziehung, so gehören sie zu dessen Herstellungskosten. Dem steht nicht entgegen, daß die Kosten der Erfindung meist früher als in der Periode, in der das Erzeugnis hergestellt wurde, angefallen sind. Denn als Kosten nach § 133 AktG ist nicht „nur das anzusehen, was in der nämlichen Abrechnungsperiode bilanzmäßig auch als Aufwand behandelt wird"[58], wesentlich ist nur, daß die Kosten auch tatsächlich entstanden sind[59].

Sind die Kosten nicht direkt zurechenbar, wird man sie in Form eines besonderen Gemeinkostenzuschlags verrechnen können. Kosten für fehlgeschlagene Erfindungen können als Entwicklungswagniskosten verrechnet werden.

Praktisch werden Entwicklungskosten heute ebensowenig aktiviert wie Verwaltungsgemeinkosten.

---
[56] Im Ergebnis ebenso *Döllerer*, BB 1957/983.
[57] *Adler-Düring-Schmaltz*, a. a. O., § 133, Tz. 81.
[58] *Adler-Düring-Schmaltz*, a. a. O., § 133, Tz. 93.
[59] a. A. *Flume*, DB 1958/1048; *Mellerowicz*, a. a. O., S. 295.

3. Ergebnis

Zusammenfassend ist festzustellen, daß die Grundsätze ordnungsmäßiger Bilanzierung der Aktivierungsfähigkeit von eigenen Erfindungen, für die Herstellungskosten vorliegen, nicht entgegenstehen und daß eine Aktivierung — zumindest bis vor kurzem — nach herrschender Ansicht in der Literatur für zulässig gehalten wurde. Die Praxis hat von der Möglichkeit, eigene Erfindungen zu aktivieren, im Hinblick auf das Prinzip der Vorsicht nur in Ausnahmefällen Gebrauch gemacht.

Seit einiger Zeit mehren sich die Stimmen, die darauf hinweisen, daß § 133 Abs. 2 AktG für immaterielle Werte des Anlagevermögens als Wertansatz nur Anschaffungskosten, aber keine Herstellungskosten zuläßt und somit eigene Erfindungen nur noch aktivierungsfähig sind, wenn sie zu den Betriebseinrichtungskosten im Sinne des § 133 Ziff. 4 AktG oder zum Umlaufvermögen gehören. Besonderes Gewicht erhalten die Stimmen dadurch, daß E § 146 AktG ausdrücklich nur noch entgeltlich erworbenen immateriellen Werten die Aktivierungsfähigkeit zuerkennt. Folgt man dieser wirtschaftlich oft nicht befriedigenden, aber dem Wortlaut des Gesetzes entsprechenden Ansicht und sieht den § 133 AktG — wie in der Literatur üblich — „als Kodifizierung der in § 40 HGH allgemein ausgesprochenen Bewertungsgrundsätze"[60] an, so sind eigene Erfindungen handelsrechtlich grundsätzlich nur dann aktivierungsfähig, wenn für sie Kosten nachweisbar sind und sie entweder zum Umlaufvermögen oder zu den Betriebseinrichtungskosten im Sinne des § 133 Ziff. 4 AktG gehören.

III. Die Aktivierungspflicht

1. Die allgemeine Regelung

Für die Frage, ob ein Vermögensgegenstand aktiviert werden kann oder muß, gibt das Gesetz verschiedene Anhaltspunkte.
In § 39 Abs. 1 HGB heißt es:

> „Jeder Kaufmann hat... seine Grundstücke, seine Forderungen und Schulden, den Betrag seines baren Geldes und seine sonstigen Vermögensgegenstände genau zu verzeichnen, ..."

§ 40 Abs. 2 HGB stellt fest:

> „Bei der Aufstellung des Inventars und der Bilanz sind sämtliche Vermögensgegenstände und Schulden nach dem Werte anzusetzen, der ihnen in dem Zeitpunkte beizulegen ist, für welchen die Aufstellung stattfindet."

§ 131 Abs. 4 Satz 2 AktG schreibt vor:

> „Die auf die einzelnen Posten des Anlagevermögens entfallenden Zugänge und Abgänge sind gesondert aufzuführen."

---

[60] *Adler-Düring-Schmaltz*, a. a. O., § 133, Tz. 4.

Aus der Bestimmung, daß die Vermögensgegenstände „genau" zu verzeichnen, aus dem Erfordernis, daß „sämtliche" Vermögensgegenstände zu bewerten, und aus der Vorschrift, daß die Zugänge „gesondert" aufzuführen sind, folgert die heute wohl als überwiegend zu bezeichnende Meinung[61] meines Erachtens richtig, daß alle aktivierungsfähigen Güter auch aktiviert werden müssen.

Dies entspricht auch den Grundsätzen der Bilanzklarheit und der Bilanzwahrheit[62]. Zugänge werden als solche gezeigt, ihre Abwertungen erscheinen als Abschreibungen, sie werden also nicht von vornherein — als Anlagenzugänge nicht erkennbar — in die Aufwendungen gebucht.

Hierzu schreiben Godin-Wilhelmi[63] mit Hinweis auf das Reichsgericht (RG 131/197):

„Der Abschluß muß ferner einen möglichst sicheren Einblick in die Lage der Gesellschaft gewähren. Dies setzt voraus, daß der Jahresabschluß vollständig ist. Es darf nichts fehlen. Es kann eine Gruppe von Gegenständen bis auf DM 1,— abgeschrieben werden, sie muß aber immer noch im Jahresabschluß erscheinen."

2. Die besondere Behandlung der immateriellen Werte

Eine Ausnahme von der allgemeinen und im HGB verankerten Regelung hat sich nun für immaterielle Vermögensgegenstände herausgebildet. Für wirtschaftliche Rechtsgüter und für immaterielle Güterrechte gibt es keine Aktivierungspflicht, sondern nur ein Aktivierungsrecht[64]. Dies wird von Adler-Düring-Schmaltz[65] wie folgt begründet:

„Es gehört nicht zu den Grundsätzen ordnungsmäßiger Buchführung, z. B. die immateriellen Werte, wie Konzessionen, Patente, Lizenzen usw., unter allen Umständen zu aktivieren und sofort wieder voll abzuschreiben. Wo überall Zweifel an der Aktivierbarkeit bestehen können, gibt es keine Aktivierungspflicht."

Auf die Vollständigkeit der Zugänge und des Inventars wird also kein Wert gelegt. Dies erscheint im Hinblick auf den Wortlaut des Gesetzes und die begriffliche Trennung zwischen Aktivierungsfähigkeit und Be-

---

[61] *Adler-Düring-Schmaltz*, a. a. O., § 129, Tz. 28; *Haas-Oechsner*, a. a. O., S. 91; WP-Handbuch 1959, S. 484; *Escher*, a. a. O., S. 22 u. S. 28; *Mutze*, a. a. O., S. 34; ohne Begründung a. A. *Hast*, a. a. O., S. 4 mit weiteren Literaturangaben; *Fürst*, a. a. O., S. 337.
[62] Ausführliche Darstellung hierzu s. bei *Escher*, a. a. O., S. 24 ff.
[63] *Godin-Wilhelmi*, a. a. O., Anm. 3 zu § 129.
[64] *Adler-Düring-Schmaltz*, a. a. O., § 129, Tz. 29; *Haas-Oechsner*, a. a. O., S. 307; *Mutze*, a. a. O., S. 39; *Kossack*, a. a. O., S. 520; *Götze*, WPg 1959/302.
[65] *Adler-Düring-Schmaltz*, a. a. O., § 131, Tz. 229.

wertung nicht ganz folgerichtig. Aber wie festgestellt, bilden sich die Grundsätze ordnungsmäßiger Bilanzierung als Gewohnheit in der Praxis. Daraus ist nach Mutze[66] zu erklären, daß diese Grundsätze „nicht auf eingehender theoretischer Durchdringung der Aktivierungsfrage" beruhen. Sie „nehmen auch in Kauf, die Frage der Aktivierung mit der logisch nachfolgenden Frage der Bewertung und Bewertungshöhe zu verquicken, indem die Möglichkeit überhöhter und unsicherer Bewertungen immaterieller Wirtschaftsgüter dadurch ausgeräumt werden soll, daß deren Aktivierungspflicht verneint wird".

Im Aktiengesetz hat die Aktivierungsmöglichkeit (Aktivierungsrecht) inzwischen Eingang gefunden, indem die Kosten der Betriebseinrichtung, der erworbene Geschäftswert und das Agio bilanziert werden *dürfen*.

Für diese Untersuchung kann festgestellt werden, daß für eigene Erfindungen als Kosten der Betriebseinrichtung nach ausdrücklicher Vorschrift des § 133 Ziff. 4 AktG nur ein Aktivierungsrecht, jedoch keine Aktivierungspflicht besteht. Das gleiche gilt für die übrigen aktivierungsfähigen eigenen Erfindungen nach den Grundsätzen ordnungsmäßiger Bilanzierung.

In der Literatur wird verschiedentlich eine Beseitigung der unterschiedlichen Behandlung von materiellen und immateriellen Gütern gefordert[67], die begründet ist und stärker beachtet werden sollte.

---

[66] *Mutze*, a. a. O., S. 39.
[67] *Mutze*, a. a. O., S. 90; *Kossack*, a. a. O., S. 59.

D. Aktivierungsfähigkeit und Aktivierungspflicht von eigenen Erfindungen in steuerlicher Sicht

I. Die steuerrechtlichen Vorschriften als Grundlage für die Bestimmung der Aktivierungsfähigkeit und Aktivierungspflicht

1. Die Steuerbilanz

Die Steuerbilanz ist eine durch besondere Vorschriften des Einkommensteuerrechts korrigierte Handelsbilanz, die der Erfassung des Gewinns für fiskalische Zwecke dient[1] und dem Grundsatz einer möglichst gleichmäßigen Besteuerung der Steuerpflichtigen Rechnung tragen soll[2].

Sie hat damit — wie die Handelsbilanz — dynamischen Charakter; eine dynamische Bilanz ist sie nicht[3]. Das ist nicht nur dadurch begründet, daß sie aus der Handelsbilanz abgeleitet ist, sondern auch durch einige, teils wirtschaftspolitisch bedingte Sondervorschriften des EStG (z. B. die sogenannte 7er Gruppe), die ihrerseits übrigens wieder Einfluß auf die Handelsbilanz haben. „Dynamischer" als die Handelsbilanz ist sie allerdings dadurch, daß die Bewertungsvorschriften des Steuerrechts bindend sind und nicht wie im Handelsrecht nach § 133 AktG Höchstbewertungsvorschriften darstellen, die in stärkerem Maße stille Reserven zulassen.

Trotzdem behält die Steuerbilanz ihren selbständigen, durch die eigenen Zwecke zum Teil nicht nur fiskalischen, sondern auch wirtschaftspolitischer Art bestimmten Charakter. Die Grundsätze dynamischer Bilanzauffassung finden zwar auch für sie Beachtung, sind aber alleine — wie manchmal behauptet wird — nicht maßgebend. Das hat auch der BFH anerkannt; so wird in der Entscheidung vom 19. Dezember 1957[4] betont, daß „die Forderung nach Abgrenzung des betriebswirtschaftlichen Periodengewinns nicht überspannt werden"[5] darf, „zumal das Einkommen-

---

[1] So auch *Escher*, a. a. O., S. 15; *Breng*, a. a. O., S. 44; *Brönner*, Die Bilanz nach Handels- und Steuerrecht, 5. Aufl., Stuttgart 1956, S. 35.
[2] *Kossack*, a. a. O., S. 64; *Brönner*, a. a. O., S. 36; a. A. *Breng*, a. a. O., S 44.
[3] *Escher*, a. a. O., S. 15.
[4] BStBl. III 1958/163.
[5] Ebenso z. B. Urteil vom 13. 8. 1957 — I 46/57 U — BStBl. III 1957/350 ff., zitiert nach *Breng*, a. a. O., S. 50.

steuerrecht den Grundsatz nicht kennt, daß steuerlich nur der betriebswirtschaftlich richtige Periodengewinn erfaßt werden darf". Dem steht aber manchmal eine sehr starke Wertung dynamischer Gesichtspunkte gegenüber, wie z. B. in der Frage der Aktivierung gezahlter Umsatzsteuer auf erhaltene Anzahlungen[6], die dann jedoch in der Literatur auf starken Widerspruch gestoßen ist.

2. Die Maßgeblichkeit der Handelsbilanz für die Steuerbilanz

Die Ableitung der Steuerbilanz aus der Handelsbilanz beruht auf § 5 EStG. Danach ist für die Gewinnermittlung das Betriebsvermögen anzusetzen, „das nach handelsrechtlichen Grundsätzen ordnungsmäßiger Buchführung auszuweisen ist", jedoch sind die besonderen Vorschriften des Steuerrechts zu befolgen (§§ 4—7 EStG). Es können also einmal die Wertansätze in der Handelsbilanz den steuerrechtlichen Bestimmungen angepaßt werden, wenn sie diesen nicht entsprechen[7]. Zum anderen sind die ausdrücklich in den Steuergesetzen vorgesehenen Berichtigungen vorzunehmen; so sind z. B. die Kosten der persönlichen Lebensführung nach § 12 EStG nicht Betriebsausgaben, ebenso nicht die Einkommensteuer sowie bei Kapitalgesellschaften die Vermögensteuer, die Aufsichtsratsvergütungen und einige andere Aufwendungen (§ 12 KStG). Schließlich ist noch denkbar, daß in die Steuerbilanz Kosten aufgenommen werden können, die in der Handelsbilanz nach ausdrücklicher Gesetzesbestimmung nicht enthalten zu sein brauchen (z. B. Ausfuhr-Förderungs-Rücklage).

Die Steuerbilanz ist also — wie der BFH formuliert[8] — „die Handelsbilanz mit den durch das Steuerrecht bedingten Korrekturen", wobei allerdings Voraussetzung ist, daß die Handelsbilanz nicht gegen zwingende Vorschriften des Handelsrechts verstößt[9].

Maßgebend für die Übereinstimmung ist aber nicht das Ergebnis, sondern sind die einzelnen Posten der Bilanz. Der RFH hat „mit aller Deutlichkeit ausgesprochen, daß der Grundsatz der Maßgeblichkeit der Handelsbilanz sich auf die einzelnen Bilanzposten, nicht nur auf die Bilanz als Ganzes beziehe, also dem das Steuerrecht beherrschenden Grundsatz der Einzelbewertung entspreche"[10].

---

[6] Urteile des BFH vom 13. und 22. 5. 1958 (BStBl. III/331 und 333), zitiert nach *Mutze*, a. a. O., S. 48.
[7] *Blümlich-Falk*, a. a. O., Anm. 8 zu § 5 (S. 377).
[8] Urteil vom 8. 2. 1952, I 10/52 S BStBl. III 1952/71, zitiert nach *Brönner*, a. a. O., S. 35.
[9] RFH vom 23. 5. 1935, I A 110/33 RStBl. 1935/1467, zitiert nach *Brönner*, a. a. O., S. 35.
[10] *Fürst*, a. a. O., S. 327.

Läßt man die Posten, die kraft ausdrücklicher Gesetzesvorschrift in der Steuerbilanz anders behandelt werden müssen als in der Handelsbilanz — wie z. B. Rückstellungen für Einkommen- oder Körperschaftsteuer, Verpflichtungen zur Zahlung von Aufsichtsratsvergütungen u. a. — außer Betracht, so ergibt sich aus den bisherigen Ausführungen, daß Güter, die in die Handelsbilanz Eingang finden können, gleichzeitig Wirtschaftsgüter im Sinne des § 6 EStG sein müssen. Und weiter, daß theoretisch der Begriff des Vermögensgegenstandes mit dem des Wirtschaftsgutes identisch ist[11].

Die Übereinstimmung muß nicht bei der Aktivierungspflicht und bei der Bewertung bestehen[12].

Praktisch gehen jedoch — wie gesagt — die Auffassungen über das, was als aktivierungsfähig anzusehen ist, schon wegen der verschiedenen Bilanzzwecke oft auseinander. Das hat steuerlich zu der selbständigen Begriffsbildung des Wirtschaftsguts geführt.

3. Der Begriff des Wirtschaftsguts

Der Begriff des Wirtschaftsguts ist in der Rechtsprechung des Reichsfinanzhofs entwickelt und 1934 in das Einkommensteuergesetz übernommen worden[13].

Nach der auch vom Bundesfinanzhof bestätigten Ansicht sind Wirtschaftsgüter „alle im wirtschaftlichen Verkehr nach der Verkehrsauffassung selbständig bewertbaren Güter jeder Art, die in irgendeiner Form dem Betrieb dienen"[14] und für die Kosten angefallen sind. Das sind „nicht nur Gegenstände im Sinne des bürgerlichen Rechts, also Sachen und Rechte..., sondern auch alle sonstigen wirtschaftlichen Werte, die geeignet sind, Vermögen oder Bestandteil von Vermögen zu sein"[14]. Nicht notwendig ist, daß das Gut selbständig veräußerlich und vererblich ist, sondern nur, daß der Verkehr es als selbständig ansieht[15].

Die selbständige Entwicklung des Begriffs „Wirtschaftsgut" und seine manchmal in letzter Zeit sehr großzügige Auslegung durch den BFH[16] haben zu der, allerdings nur vereinzelt geäußerten Ansicht[17] geführt,

---
[11] *Flume*, DB 1958/1051; *Mutze*, a. a. O., S. 46; *Gnam*, a. a. O., 2. 3.
[12] *Blümich-Falk*, a. a. O., Anm. 8 zu § 5 (S. 376).
[13] *Breng*, a. a. O., S. 48.
[14] *Blümich-Falk*, a. a. O., Anm. 10 zu § 4 (S. 251) nach dem Urteil des BFH vom 28. 1. 1954 — BStBl. III 1954/109.
[15] *Blümich-Falk*, a. a. O., Anm. 10 zu § 4 (S. 252) mit Hinweis auf verschiedene Entscheidungen des BFH.
[16] Siehe Beispiele bei *Mutze*, a. a. O., S. 20.
[17] *Börnstein*, BB 1957/556; weitere Literaturangaben bei *Breng*, a. a. O., S. 48.

daß die Aktivierung in der Steuerbilanz „weitgehend von der handelsrechtlichen Beurteilung frei"[17] sei und über den handelsrechtlichen Begriff des Vermögensgegenstandes hinausgehen könne[18], insbesondere, da steuerlich im Interesse einer richtigen, periodengerechten Erfolgsermittlung die Grundsätze der dynamischen Bilanztheorie anzuwenden seien[19].

Diese Auslegung widerspricht — wie die bisherige Darstellung zeigt — den rechtlichen Vorschriften. Sie findet in der Rechtsprechung auch keine Rechtfertigung, denn diese will — wie besonders Flume[20] nachweist — die Bindung an den Vermögensbegriff im Sinne des Handelsrechts auch nicht zugunsten einer reinen Erfolgsabgrenzung aufgeben. So heißt es z. B. im Urteil des BFH vom 15. April 1958[21]:

„Betriebliche Aufwendungen, die nicht selbständig bewertungsfähige Wirtschaftsgüter schaffen, müssen im Jahre der Verausgabung als Betriebsausgaben verrechnet werden..."

II. Die Aktivierungsfähigkeit

Die eigene Erfindung — geschützt oder ungeschützt — ist nach der vorstehenden Darstellung ein Wirtschaftsgut, genauso wie sie nach den Grundsätzen ordnungsmäßiger Buchführung Vermögensgegenstand war.

In der Literatur und Rechtsprechung wurde bis vor kurzem denn auch — soweit ersichtlich — die einhellige Meinung[22] vertreten, daß eigene Erfindungen ganz allgemein mit ihren Herstellungskosten Gegenstand der Steuerbilanz sein können. Ebenso wurde anerkannt, daß Kosten für noch nicht abgeschlossene Versuche aktiviert werden können. So entschied der RFH[23]:

„Wäre die Erfindung im Rahmen eines gewerblichen Betriebs gemacht worden, so hätten die dabei erwachsenen Ausgaben aktiviert werden können. Denn nach den Grundsätzen ordnungsmäßiger Buchführung müßten zwar die Kosten von Versuchsarbeiten, die bei der Aufstellung der Bilanz abgeschlos-

---

[18] *Kossack*, a. a. O., S. 67.

[19] In der Diskussion über diese Frage wird der Begriff „Wirtschaftsgut" oft im Sinne des in der vorliegenden Arbeit gebrauchten Begriffs „Vermögensgegenstand" verwendet. Darüber hinaus faßt man manchmal den Begriff der nach der dynamischen Bilanztheorie aktivierbaren Vorleistung entgegen der auf S. 20 dargestellten Auffassung Schmalenbachs so weit, daß von einem Nutzwert für folgende Jahre gar nicht mehr die Rede ist.

[20] DB, 1050 f.

[21] Zitiert nach *Breng*, a. a. O., S. 50.

[22] *Blümich-Falk*, a. a. O., Anm. 13 zu § 4 (S. 258); *Breng*, a. a. O., S. 52; *Brönner*, a. a. O., S. 462 f.; *Fürst*, a. a. O., S. 126 f.

[23] Urteil vom 30. 6. 1927 (Amtliche Sammlung Bd. 21/341), zitiert nach *Börnstein*, BB 1957/553.

D. Erfindungen in steuerlicher Sicht

sen sind, ohne ein Ergebnis erzielt zu haben, als Verlust eingestellt werden; dagegen erscheint es zumindesten zulässig, die Kosten für die bei der Bilanzaufstellung noch nicht beendeten Versuche aktivisch zu behandeln."

Lediglich Flume[24] stellt fest, daß der Wert einer eigenen Erfindung sich nicht ermitteln läßt und sie daher nicht aktivierungsfähig sei. Er beruft sich dabei auf eine Entscheidung des Bundesfinanzhofs[25], in der festgestellt wird:

„Im wirtschaftlichen Verkehr wird diesen Aufwendungen (Kosten der Betriebseinrichtung) kein selbständig bewertbarer Wert beigelegt, und zwar deshalb nicht, weil der Wert sich nicht zuverlässig bestimmen läßt."

Diese Ansicht ist wohl nicht haltbar, besonders wenn man bedenkt, daß als Voraussetzung einer Aktivierungsfähigkeit — wie bei der betriebswirtschaftlichen Betrachtung übereinstimmend mit dem zitierten Urteil ausgeführt — zwar ein Wert gegeben sein muß, die Bezifferung des Wertes aber nur für die Frage der Bewertung entscheidend ist.

Es fragt sich nun aber, ob die uneingeschränkte Anerkennung eigener Erfindungen als Wirtschaftsgut auch noch bejaht werden kann, wenn man auf Grund des § 133 Ziff. 2 AktG zu dem Schluß kommt, daß eigene Erfindungen nach Handelsrecht im Anlagevermögen nur aktiviert werden können, wenn sie zu den Betriebseinrichtungskosten gehören.

§ 5 EStG sagt, daß maßgebend für die Steuerbilanz „das nach den handelsrechtlichen Grundsätzen ordnungsmäßiger Buchführung" auszuweisende Vermögen ist. Maßgebend sind also nicht allein die Grundsätze ordnungsmäßiger Buchführung der Praxis, sondern die *handelsrechtlichen* Grundsätze. Selbst wenn man — wie in dieser Arbeit — in § 133 Ziff. 2 AktG ein Verbot sieht, das sich nicht zwingend aus den Grundsätzen ordnungsmäßiger Bilanzierung ergibt, wird man eine positive handelsrechtliche Bestimmung auch für die Steuerbilanz als wirksam ansehen müssen. Das entspricht auch dem Sinn der Regelung: nur was handelsrechtlich zu bilanzieren ist, kann — wenn nichts anderes bestimmt ist — in die Steuerbilanz eingehen. Der RFH[26] formuliert wie folgt:

„Der Ausgangspunkt für die Steuerbilanz ist die rechtsgültige Handelsbilanz, d. h. die Handelsbilanz, die nicht gegen zwingende Vorschriften des Handelsrechts verstößt."

Daraus ergibt sich bei der unterstellten Auslegung des § 133 Ziff. 2 AktG, daß auch in der Steuerbilanz — wie in der Handelsbilanz — nur eigene Erfindungen aktiviert werden dürfen, die entweder zum Umlaufvermögen oder zu den Kosten der Betriebseinrichtung gehören. Dem ste-

---

[24] DB 1958/1052.
[25] BStBl. III 54/109, zitiert nach *Blümich-Falk*, a. a. O., S. 252.
[26] Urteil vom 23. 5. 1935, I A 110/33, RStBl. 1935/1467, zitiert nach *Brönner*, a. a. O., S. 35.

hen die Entscheidungen des Reichsfinanzhofs[27], die Patente ohne Einschränkung als aktivierungsfähig anerkennen, nicht entgegen; sie sind vor Erlaß des heute geltenden Aktiengesetzes ergangen, hatten also § 133 Ziff. 2 AktG noch nicht zu berücksichtigen[28].

Hinsichtlich der Verrechnung der dadurch anfallenden Aufwendung in den Herstellungskosten der Vorräte sei auf die Ausführungen im handelsrechtlichen Teil der Arbeit verwiesen.

III. Die Aktivierungspflicht

Vielfach wird die Ansicht vertreten[29], daß steuerlich die Aktivierungsfähigkeit eine Aktivierungspflicht bedingt, wie sich die auch nach betriebswirtschaftlicher Erkenntnis ergeben hatte.

Diese Meinung wird einmal mit dem Zweck der Steuerbilanz begründet, nach dem eine gleichmäßige Besteuerung dadurch angestrebt werden soll, daß möglichst der steuerlich richtige Gewinn erfaßt wird. Zum anderen wird angeführt, daß nach den §§ 6 und 7 EStG alle Wirtschaftsgüter, die zum Betriebsvermögen gehören, zu bewerten, also auch zu bilanzieren sind. Und schließlich wird auf die §§ 39 und 40 HGB verwiesen, nach denen handelsrechtlich eine Aktivierungspflicht bestehe.

Dem steht entgegen, daß das Steuerrecht nicht nur eine Aktivierungspflicht für aktivierungsfähige Wirtschaftsgüter kennt. Vielmehr hat die Rechtsprechung für die Steuerbilanz in einigen Fällen ein Aktivierungsrecht anerkannt[30] und es gibt Autoren[31], die z. B. in § 6 Abs. 2 EStG nicht eine Sonderabschreibungsmöglichkeit für geringwertige Wirtschaftsgüter, sondern ein Aktivierungsrecht sehen.

So sind denn auch die Meinungen über die Aktivierungspflicht von eigenen Erfindungen geteilt.

Einerseits wird die Aktivierungspflicht von eigenen Erfindungen bejaht, wenn festgestellt ist, daß ein Wirtschaftsgut vorliegt[32]. So hat auch

---

[27] Siehe S. 48, Fußnote 23 und weitere Angaben bei *Brönner*, a. a. O., S. 462 ff.

[28] Ebenso *Breng*, a. a. O., S. 53, *Fuchs-v. d. Velde*, DB 1956/972; *Gnam*, a. a. O., 2. 3.

[29] *Escher*, a. a. O., S. 28; *Trumpler*, a. a. O., S. 71; *Erhard*, BB 1955/992; *Fürst*, a. a. O., S. 337.

[30] RFH v. 30. 6. 1927 (21/341) zitiert auf S. 48 RFH v. 28. 11. 1934 — RStBl. 1935/126 zitiert nach *Fuchs-v. d. Velde*, DB 1956/972.

[31] *Bühler-Scherpf*, Bilanz und Steuer, 5. Aufl., Berlin 1952, S. 182.

[32] *Börnstein*, BB 1957/556; *Erhard*, BB 1955/31; *Kossack*, a. a. O., S. 69/70; *Haas-Oechsner*, a. a. O., S. 307; *Dornemann*, ZfB 1957/105.

der RFH entschieden[33]. Lediglich bei noch nicht abgeschlossenen Versuchen hat er — wie auf S. 48 zitiert — ein Aktivierungsrecht zugelassen.

Andererseits wird eingewendet, daß die immateriellen Werte unsichere Werte sind, deren Aktivierung in das Ermessen des Bilanzierenden gestellt sein muß; und solange dieses Ermessen im Rahmen der rechtlichen Vorschriften liegt, sei die Finanzbehörde an die Entscheidung des Steuerpflichtigen gebunden. Denn auch bei der Bewertung habe der RFH[34] entschieden, daß die Ansätze in der Handelsbilanz maßgebend sind, solange nicht ihre Unrichtigkeit bewiesen ist. Damit wäre auch die Bindung der Steuerbilanz an die Handelsbilanz gewährleistet, die nach Möglichkeit anzustreben sei[35].

IV. Die Ländererlasse

Die Zweifelsfragen, die sich bei der Aktivierungsfähigkeit und Aktivierungspflicht von Forschungs- und Entwicklungskosten allgemein und von eigenen Erfindungen im besonderen ergeben haben, veranlaßten die Finanzverwaltungen der Länder unter dem Drängen der Wirtschaft nach einer praktischen Lösung[36], gleichlautende Erlasse über die steuerliche Behandlung des Entwicklungsaufwandes zu veröffentlichen[37]. Die Erlasse sehen — soweit für dieses Thema von Interesse — folgendes vor:

1. Dem Ergebnis der Aufwendungen zur Gewinnung von neuen wissenschaftlichen und technischen Erkenntnissen und Erfahrungen allgemeiner Art (Grundlagenforschung) wird im wirtschaftlichen Verkehr kein selbständiger Wert beigelegt. Diese Aufwendungen führen daher nicht zu einem aktivierungspflichtigen Wirtschaftsgut und stellen sofort abzugsfähige Betriebsausgaben dar.

2. Arbeiten zur Neuentwicklung bestimmter Erzeugnisse oder Herstellungsverfahren können erfahrungsgemäß nicht zuverlässig und gleichmäßig bewertet werden. Es ist deshalb nicht zu beanstanden, wenn der Steuerpflichtige davon absieht, den Aufwand für diese Arbeiten als selbständiges Wirtschaftsgut, als Fertigungsgemeinkosten zu bilanzierender Fertig- und Halbfertigfabrikate oder als Rechnungsabgrenzungsposten zur Übertragung auf die Kostenrechnung der Fertigung späterer Wirtschaftsjahre zu aktivieren. Dies gilt auch, wenn diese Aufwendungen zur Erteilung eines Patents oder ähnlichen Schutzrechts geführt haben. Soweit die Arbeiten zur Neuentwicklung von Erzeugnissen oder Herstellungsverfahren nach der Verkehrsauffassung bereits als Beginn der Herstellung eines bestimmten Erzeugnisses

---

[33] RFH v. 24. 3. 1931 — RStBl. 1931/304 zitiert nach *Haas-Oechsner*, a. a. O., S. 307.
[34] RStBl. 1939/258 zitiert nach *Blümich-Falk*, a. a. O., Anm. 8 zu § 5 (S. 378).
[35] *Mutze.* Zur buch- und bilanzmäßigen Behandlung der Entwicklungskosten, Neue Betriebswirtschaft 1956/51; *Fuchs-v. d. Velde,* DB, 1956/973.
[36] *Mutze,* a. a. O., S. 260.
[37] z. B. Erlaß FM NRW v. 4. 12. 1958, BStBl. 1958 II/189 f.

anzusehen sind, sind die Aufwendungen dafür nach den allgemeinen Grundsätzen im Rahmen der Herstellungskosten zu aktivieren. Von der Aktivierung des Aufwands für Arbeiten zur Neuentwicklung kann auch dann abgesehen werden, wenn er im gleichen Wirtschaftsjahr entstanden ist, in dem die Herstellung des entwickelten Erzeugnisses begonnen wurde.

3. Ist Aufwand der in Ziffer 1 und 2 genannten Arten bisher aktiviert worden, so spricht die Vermutung dafür, daß den Entwicklungsarbeiten der in der Bilanz ausgewiesene Wert beizumessen war. Es ist nicht zu beanstanden, wenn diese Bilanzposten in Wirtschaftsjahren, die nach dem 30. April 1958 enden, höchstens um je 25 vH abgeschrieben werden.

4. Zur Neuentwicklung im Sinn der Ziffer 2 ist auch die Weiterentwicklung von Erzeugnissen der laufenden Fertigung oder bereits bekannter Herstellungsverfahren zu rechnen, soweit wesentliche Änderungen dieser Erzeugnisse oder Verfahren entwickelt werden sollen. Im übrigen gehören die Aufwendungen für die Weiterentwicklung von Erzeugnissen und Verfahren der laufenden Fertigung zu den Fertigungsgemeinkosten und sind als solche bei der Bilanzierung der Halbfertig- und Fertigfabrikate anteilig zu aktivieren. Soweit diese Aufwendungen nicht ohne Schwierigkeiten gesondert von den nicht zu aktivierenden Kosten der Grundlagenforschung und der Neuentwicklung ermittelt werden können, ist von Beanstandungen abzusehen, wenn sie in der Weise im Schätzungswege erfaßt werden, daß 2 vH des Gesamtaufwands für Forschungs- und Entwicklungsarbeiten (Grundlagenforschung, Neuentwicklung, Weiterentwicklung) als Fertigungsgemeinkosten der Gesamtfertigung des Wirtschaftsjahres behandelt und anteilig bei den am Bilanzstichtag vorhandenen Halbfertig- und Fertigerzeugnissen aktiviert werden.

5. ...

6. Werden Entwicklungsarbeiten im Auftrage Dritter durchgeführt (auftragsgebundene Entwicklung), so gibt das mit dem Auftraggeber vereinbarte Entgelt eine ausreichende Bewertungsgrundlage. Der Aufwand für die am Bilanzstichtag durchgeführten und noch nicht abgelieferten Entwicklungsarbeiten ist bis zur Höhe des vereinbarten Entgelts zu aktivieren.

7. ...

8. ...

Danach brauchen eigene Erfindungen bzw. Vorstufeleistungen dafür im Anlagevermögen grundsätzlich nicht aktiviert zu werden. Auftragsgebundene Erfindungen sind im Vorratsvermögen zu bilanzieren. Ein Teil der Entwicklungskosten (Kosten für die Weiterentwicklung bzw. 2 % der gesamten Forschungs- und Entwicklungskosten) sind als Fertigungsgemeinkosten zu behandeln.

Haver[38] ist der Ansicht, daß die Erlasse „verbindliche Auslegungssätze auf der Grundlage des gegenwärtigen Rechts", nicht aber Billigkeitsmaßnahmen sind. Dann würden sie in etwa die vorstehend erarbeiteten Ergebnisse bestätigen. Die Formulierung, daß „nicht zu beanstanden" ist, „wenn der Steuerpflichtige davon absieht" ein Wirtschaftsgut „zu akti-

---

[38] BB 1959/125, ebenso *Breng*, a. a. O., S. 59.

vieren", würde die Fälle betreffen, in denen trotz § 133 Ziff. 2 AktG eine Bilanzierung möglich bleibt.

Mir scheint aber die Formulierung unter Ziff. 2 und 3 der Erlasse mehr dafür zu sprechen, daß die Finanzverwaltungen auch im Hinblick auf § 133 Ziff. 2 AktG eine allgemeine Aktivierungsfähigkeit von eigenen Erfindungen unterstellen und sich so stärker an die betriebswirtschaftlich richtige Lösung gehalten haben. Damit erhalten die Erlasse doch den Charakter von Billigkeitsmaßnahmen, zu denen sich die Finanzbehörden unter Verzicht auf eine höchstrichterliche Entscheidung entschlossen haben, weil die geschaffene Regelung wirtschaftspolitisch erforderlich war. Denn der Bundesminister der Finanzen stellt in seiner Bekanntmachung im Bundesanzeiger (BA Nr. 236/1958) fest, daß der Erlaß der Bedeutung Rechnung trägt, die den Forschungs- und Entwicklungsarbeiten bei dem ständigen Fortschritt in der technischen Entwicklung und der Verschärfung des Wettbewerbs in der Wirtschaft zukommt[39]. Diese Bedeutung ist in anderen Staaten schon lange erkannt worden und hat zu einer steuerlichen Begünstigung der Forschungs- und Entwicklungskosten geführt.

Inwieweit die aufgekommene Meinung, eine Aktivierung eigener Erfindungen sei handelsrechtlich beim Wortlaut des § 133 Ziff. 2 AktG nicht möglich, die Erlasse in ihrer vorliegenden Form erleichtert hat, sei dahingestellt.

---

[39] Zitiert nach *Breng*, a. a. O., S. 66.

E. Abschließende Stellungnahme

Die Untersuchung hat ergeben, daß eigene Erfindungen nach betriebswirtschaftlichen Erkenntnissen aktivierungsfähig sind. Dem stehen die für das Handelsrecht verbindlichen Grundsätze ordnungsmäßiger Bilanzierung nicht entgegen; steuerlich sind eigene Erfindungen als Wirtschaftsgüter anzusehen. Das gleiche gilt nach überwiegender Meinung von Vorleistungen für eigene Erfindungen.

Die Aktivierungsfähigkeit bedingt in der Regel betriebswirtschaftlich und steuerlich eine Aktivierungspflicht; handelsrechtlich besteht jedoch durch die Grundsätze ordnungsmäßiger Bilanzierung für immaterielle Güter eine Ausnahme: die Aktivierungsfähigkeit löst keine Aktivierungspflicht aus, sie führt zu einem Aktivierungsrecht, das unsystematisch auf Bewertungsgesichtspunkten begründet ist und im Gegensatz zur Bilanzierungspflicht für materielle Güter steht.

In den letzten Jahren bildete sich auf Grund des Wortlauts von § 133 Ziff. 2 AktG die — allerdings umstrittene — Meinung, daß eigene Erfindungen in der Handels- und in der Steuerbilanz nur dann bilanziert werden können, wenn sie zu den Betriebseinrichtungskosten im Sinne des § 133 Ziff. 4 AktG oder zum Umlaufvermögen gehören. Denn § 133 Ziff. 2 AktG, dessen entsprechende Anwendung auch für Nichtaktiengesellschaften allgemein unterstellt wird, läßt eine Bilanzierung von immateriellen Werten im Anlagevermögen nur mit Anschaffungskosten zu; von Herstellungskosten wird nicht gesprochen. Der Regierungsentwurf eines Aktiengesetzes bestätigt diese Ansicht ausdrücklich; er will die entstandene Streitfrage zugunsten einer nur noch beschränkt möglichen Aktivierungsfähigkeit immaterieller Güter entscheiden.

Mit dieser Regelung soll dem Grundsatz einer vorsichtigen Bilanzierung gedient werden, weil selbsterstellte immaterielle Güter nur „schwer schätzbar und daher unsichere Werte sind"[1]. Die Regelung befriedigt aber nicht.

Richtig ist, daß die Bewertung von eigenen Erfindungen auf beachtliche Schwierigkeiten stößt und Erfindungen ganz allgemein mit einem erheblichen Risiko belastet sind. Dieses Problem ist aber bei der Be-

---

[1] Begründung zu E § 146 Abs. I Ziff. 1 AktG.

E. Abschließende Stellungnahme

wertung von eigenen Erfindungen, die von der Feststellung der Aktivierungsfähigkeit zu unterscheiden ist, mit den dafür bestehenden Grundsätzen zu lösen; so hat sich die Übung herausgebildet, Erfindungen möglichst schnell, keinesfalls aber über einen längeren Zeitraum als fünf Jahre hinaus abzuschreiben. Wenn diese Grundsätze gesetzlich verankert würden, wäre das nur zu begrüßen.

Warum jedoch die Aktivierungsfähigkeit von eigenen Erfindungen grundsätzlich untersagt werden muß, ist nicht einzusehen. Ein solches Verbot widerspricht nicht nur betriebswirtschaftlichen Erkenntnissen, es verletzt auch das als Bilanzierungsgrundsatz anerkannte Prinzip der Bilanzwahrheit, das ebenso wie der Grundsatz der Vorsicht bei der Bilanzierung zu beachten ist.

Es mag eingewandt werden, daß es gleichgültig sei, ob man auf eine Aktivierung verzichtet oder den aktivierten Gegenstand praktisch in den meisten Fällen gleich wieder bis auf einen Merkposten abschreibt. Dem kann aber nicht gefolgt werden; die Aktivierung von eigenen Erfindungen, die sofort wieder abgeschrieben werden, erhöht zwar nicht den ausgewiesenen Wert des Anlagevermögens, zeigt aber dessen Entwicklung. Und das ist bei dem beachtlichen, mehr und mehr wachsenden Umfang der in immaterielle Werte investierten Mittel für den Bilanzleser von wesentlicher Bedeutung.

Darüber hinaus birgt die im Regierungsentwurf eines Aktiengesetzes enthaltene Regelung wirtschaftliche Gefahren besonders für Klein- und Mittelbetriebe. Aperiodisch auftretende Entwicklungsaufwendungen, die in diesen Unternehmen die Regel sind, können nicht nur zu Gewinnverlagerungen, sondern — besonders in Zeiten nicht mehr so günstiger Konjunktur — auch zu Verlustabschlüssen führen, die betriebswirtschaftlich unberechtigt sind und die ohnehin schon schmale Kreditbasis solcher Unternehmer schwächen.

Für die Regelung der immateriellen Werte im Regierungsentwurf eines Aktiengesetzes ergibt sich somit, daß sie einen wirtschaftlich angemessenen Zweck mit unangemessenen Mitteln zu erreichen versucht. Jede Regelung bringt in gewissem Rahmen Nachteile. Im vorliegenden Fall kann aber ein Teil der durch die Bestimmung des E § 146 AktG hervorgerufenen Nachteile ohne Aufgabe des angestrebten Zieles vermieden werden. Es sollte daher eine differenziertere Regelung gewählt werden.

Literaturverzeichnis

Adler-Düring-Schmaltz: Rechnungslegung und Prüfung der Aktiengesellschaft.

Baumbach-Hueck: Aktiengesetz, 8. Aufl., München-Berlin 1954.

Binder, Odilo: Die steuerliche Behandlung betrieblicher Forschungs- und Entwicklungskosten, in: BB 1956/537—540.

Blümich-Falk: Einkommensteuergesetz, 8. Aufl., Berlin-Frankfurt 1959/60.

Börnstein, Ulrich: Die Aktivierung von Versuchs- und Entwicklungskosten nach Handelsrecht und Steuerrecht, in: BB 1957/553—557.

Breng, Ernst-Günther: Forschungs- und Entwicklungskosten in Handels- und Steuerbilanz, Düsseldorf 1959.

Brönner, Herbert: Die Bilanz nach Handels- und Steuerrecht, 5. Aufl., Stuttgart 1956.

Bühler, Ottmar: Bilanz und Steuer, 5. Aufl., Berlin 1952.

Busse, Rudolf: Patentgesetz, 2. Aufl., Berlin 1956.

le Coutre, Walter: Bilanztheorien, in: HWB, Bd. I, Spalte 1153 ff., 3. Aufl., Stuttgart 1956.

Döllerer, Georg: Entwicklungskosten in der Handelsbilanz, in: BB 1957/983 ff.

Dornemann, Richard: Die Aktivierung in Bilanztheorie und Steuerbilanz, ZfB 1957/97 ff.

Eich, Wilhelm: Der Prüfungsbericht über den Jahresabschluß einer Aktiengesellschaft, 2. Aufl., Berlin 1941.

Elster, Alexander: Das deutsche Erfinderrecht, Berlin-Leipzig 1924.

Erhard, Fritz: Zur Frage der steuerlichen Aktivierung von betrieblichen Versuchs- und Entwicklungskosten, in: BB 1955/990—992.

Escher, Hans: Der Umfang der Aktivierungspflicht bei den Ausgaben für das Sachanlagevermögen in Handels- und Steuerbilanz, Düsseldorf 1958.

Flad-Gadow-Heinichen: Kommentar zum HGB, Berlin 1946.

Flume, Werner: Die Forschungs- und Entwicklungskosten in Handels- und Steuerbilanz, in: DB 1958/1045—1054.

Fürst, Reinmar: Bilanzierungsgrundsätze in der Praxis, Essen 1956.

Fuchs-v. d. Velde: Steuerliche Behandlung des Entwicklungsaufwands, in: DB 1956/971—974.

Gadow-Heinichen-Schmidt: Aktiengesetz, 1. Aufl., Berlin 1939.

Gerstner, Paul: Bilanz-Analyse, 11. Aufl., Berlin 1944.

Geßler-Hefermehl-Hildebrandt-Schröder: HGB, 2. Aufl., Berlin 1959.

Literaturverzeichnis

Gnam, Dr. A.: Der Gläubigerschutzgedanke und die Bilanzierung unkörperlicher (immaterieller) Wirtschaftsgüter, Wirtschaftspraxis, Teillieferung 134 bis 135.

Godin-Wilhelmi: Aktiengesetz, Berlin-Leipzig 1937.

Götze, Hermann: Grundzüge der Bilanzierung, Berlin 1947.

— Zu § 151 des Referentenentwurfes eines Aktiengesetzes, in: WPg 1959/29 bis 31.

— Die aktiven Rechnungsabgrenzungsposten als Bilanzgegenstände im Rahmen des Referentenentwurfs eines Aktiengesetzes, in: WPg 1959/301—304.

Grams, W. E.: Unkörperliche Wirtschaftsgüter des Anlagevermögens, in: DB 1960/557—559.

Haas, G. — *Oechsner*, L.: Der Jahresabschluß nach Handels- und Steuerrecht, Wiesbaden 1958.

Hast, Karl: Grundsätze ordnungsmäßiger Bilanzierung für Anlagegegenstände, Leipzig 1934.

Haver, RA. Dr.: Die steuerliche Behandlung von Forschungs- und Entwicklungskosten, in: BB 1959/125—127.

— Steuerliche Aktivierung von betrieblichen Versuchs- und Entwicklungskosten? In: BB 1954/653—655.

Höppner: Die Behandlung von Lizenzverträgen in Handels- und Steuerbilanz, in: WP 1933/76—78.

Klebba, W.: Erfindungen in der Bilanz, Blätter für Steuerrecht/Sozialversicherung und Arbeitsrecht 1957/353—356.

Kossack, Eberhard: Die immateriellen Wirtschaftsgüter in betriebswirtschaftlicher Sicht, Dissertation, München 1958.

Kosiol, Erich: Anlagenrechnung, Wiesbaden 1955.

Krauße-Katluhn-Lindenmaier: Das Patentgesetz, 3. Aufl., Berlin 1944.

Lehmann, Heinrich: Allgemeiner Teil des bürgerlichen Rechts, 5. Aufl., Berlin 1947.

Mellerowicz, Konrad: Abschreibungen in Erfolgs- und Kostenrechnung, Heidelberg 1957.

— Forschungs- und Entwicklungstätigkeit als betriebswirtschaftliches Problem, Freiburg 1958.

Mohr: Bilanz und immaterielle Werte, Berlin 1927.

Mutze, Otto: Die bilanzmäßige und steuerliche Behandlung des Forschungs- und Entwicklungsaufwands, in: FR 1957/434—440.

— Zur buch- und bilanzmäßigen Behandlung der Entwicklungskosten, Neue Betriebswirtschaft 1956/46—51.

— Aktivierung und Bewertung immaterieller Wirtschaftsgüter nach Handels- und Steuerrecht, Berlin 1960.

Reimer, Eduard: Patentgesetz und Gebrauchsmustergesetz, 2. Aufl., München-Köln-Berlin 1958.

Rössle, Karl: Bilanz, in: HWB, Bd. I, Spalte 1094 ff., 3. Aufl., Stuttgart 1956.

Schlegelberger-Quassowski: Kommentar zum Aktiengesetz, 3. Aufl. 1939.

Schmalenbach, Eugen: Dynamische Bilanz, 9. Aufl., Leipzig 1948.

Stahl, Günther: Bilanzierungs- und Abschreibungsfragen bei Patenten, in: Die Betriebswirtschaft 1943/29—31.

Teichmann-Köhler: Aktiengesetz, 3. Aufl., Heidelberg 1950.

Trumpler, Hans: Die Bilanz der Aktiengesellschaft, Berlin—Leipzig 1937.

Vogl, Fritz Joh.: Wahlrechte in der Bilanz, Neue Betriebswirtschaft 1956/1—3.

WP-Handbuch 1959: Düsseldorf 1959.

WP-Jahrbuch 1954: Düsseldorf 1954.

Printed by Libri Plureos GmbH
in Hamburg, Germany